Religion verstehen

8

Religion verstehen 8

Unterrichtswerk für katholische Religionslehre an Realschulen

Herausgegeben von
Matthias Bahr und Hans Schmid

Erarbeitet von
Matthias Bahr, Uta Lorenz, Hans Schmid,
Manuela Schwarzhuber, Irene Sebald, Anja Templer

Beratung für das Kapitel 5 (Hinduismus und Buddhismus): Christian Hackbarth-Johnson, Dachau

Zugelassen als Lehrbuch für den katholischen Religionsunterricht an Realschulen von den Diözesanbischöfen von Augsburg, Bamberg, Eichstätt, München und Freising, Passau, Regensburg und Würzburg.

Redaktion: Bettina Schaschke

Illustration: Dorina Tessmann, Berlin

Notensatz: Holger Jeschke, Hamburg

Umschlaggestaltung: Rosendahl Berlin

Layoutkonzept: SOFAROBOTNIK GbR, Augsburg & München

Technische Umsetzung: Marina Goldberg, Berlin

www.cornelsen.de

1. Auflage, 2. Druck 2022

Alle Drucke dieser Auflage sind inhaltlich unverändert und können im Unterricht nebeneinander verwendet werden.

Druck: H. Heenemann, Berlin

ISBN 978-3-06-065551-9 (Schülerbuch)
ISBN 978-3-06-065720-9 (E-Book)

PEFC
PEFC/04-31-1156

PEFC zertifiziert
Dieses Produkt stammt aus nachhaltig bewirtschafteten Wäldern und kontrollierten Quellen.
www.pefc.de

Religion verstehen

8

Unterrichtswerk für katholische Religionslehre an Realschulen

Herausgegeben von
Matthias Bahr und Hans Schmid

Erarbeitet von
Matthias Bahr, Uta Lorenz, Hans Schmid,
Manuela Schwarzhuber, Irene Sebald, Anja Templer

Cornelsen

1 (ZU)EINANDER FINDEN – SEXUALITÄT ALS AUSDRUCK PERSONALER LIEBE

2 UNFASSBAR UND GEHEIMNISVOLL – VON GOTT IN BILDERN SPRECHEN

3 „ICH LEGE MEINE WORTE IN DEINEN MUND“ – PROPHETINNEN UND PROPHETEN

Liebe Schülerinnen und Schüler,

willkommen in der 8. Klasse: Im Religionsunterricht wird euch wieder viel Neues begegnen, das zum Staunen, aber auch zum Nachdenken einlädt. Vielleicht könnt ihr sogar manche Schätze entdecken, die in Religion und Glaube verborgen sind. Bereits auf dem Umschlag dieses Buches findet ihr Stichwörter zu Themen, mit denen ihr euch in diesem Jahr beschäftigen werdet; schaut einmal nach, welche Begriffe ihr schon kennt.

Wir haben dieses Buch **Religion verstehen** genannt, weil wir möchten, dass ihr am Ende des 8. Schuljahres Religion besser „verstehen“ könnt.

Über den eigenen Glauben zu wissen, sich mit anderen und Andersgläubigen über religiöse Fragen auszutauschen und zu verständigen, dazu möchte **Religion verstehen** beitragen.

So ist **Religion verstehen** aufgebaut:

- Die *erste Seite in jedem Kapitel* zeigt euch ein Bild, das in das Thema des Kapitels einführt.
- Die *Texte, Bilder und Lieder* auf den Doppelseiten verdeutlichen euch auf verschiedene Weise das Thema. Sie geben einen Zugang zu dem, was Glaube und Religion sind und wie sie sich heute zeigen.
- Die Seite **RELIGION VERSTEHEN** nimmt Ausdrucksformen von Religion in den Blick. Sie deckt vor allem auf, was das Besondere der religiösen Sprache ist, wie sie sich von der Sprache des Alltags unterscheidet und weshalb sie so wichtig und sinnvoll ist.
- Die **MENSCHEN**-Seite stellt euch Jugendliche, Frauen und Männer aus Gegenwart und Vergangenheit vor, die in ihrem Alltag versuchen, etwas von dem zu verwirklichen, was Leben aus dem Glauben bedeutet.
- Die *letzte Seite in jedem Kapitel* gibt euch Gelegenheit, noch einmal auf das Thema des Kapitels zurückzublicken, eure eigene Meinung zu finden und zu begründen. Hier werdet ihr spannende Gespräche erleben.
- Am Ende des Buches findet ihr einen **PROJEKTVORSCHLAG**, **METHODEN** sowie das **LEXIKON**: Dort sind einige Methoden erklärt, welche im Buch mit hochgestelltem ᴹ markiert werden. Die Lexikonwörter sind bei der ersten Erwähnung auf jeder Seite mit einem ▸ Pfeil markiert.

Religion verstehen lädt euch ein, euch von all diesen interessanten Texten, Bildern und Liedern überraschen zu lassen, bei ihnen zu verweilen und euch eigene Gedanken zu machen.

Dabei wünschen wir euch, dass ihr viel Neues entdeckt und Bekanntes neu und besser verstehen lernt. Denn Religion und Glaube sind so spannend wie das Leben selbst.

Die Lehrerinnen, die dieses Buch verfasst haben, und die Herausgeber

(ZU)EINANDER FINDEN – SEXUALITÄT ALS AUSDRUCK PERSONALER LIEBE

1

„Zong! Ihre Augen in meinen"

Finn wurde aus dem Klassenzimmer verwiesen. Auf dem Flur begegnet ihm Lara. Von diesem Treffen erzählt Yvonne Struck in ihrem Roman „Jungs sind Idioten. Mädchen auch":

Finn *10:54 Uhr*
Schritte! Schnell das Handy weg. Das muss 'ne Lehrerin sein, und noch mehr Ärger kann ich jetzt echt nicht gebrauchen. Die Schritte kommen die Treppe runter. Doch keine Lehrerin, ein Mädchen! Geht die nicht in die Neunte? (...)

Lara *10:55 Uhr*
Warum sitzt der hier auf der Fensterbank, mitten in der Stunde? Süß ist er ja schon irgendwie ... Ignorieren oder weitergehen?

10:56 Uhr
Ich bin schon fast vorbei, da sagt er plötzlich: „Hallo." Ich also auch: „Hallo." Und jetzt stehe ich hier. Er sieht mich an, ich sehe ihn an, und meine Wangen werden immer heißer.

Finn *10:57 Uhr*
Zong! Ihre Augen in meinen. Wie vom Laster angefahren, nur in Schön. So fühlt es sich an. Ich hätte eben tausend Dinge zu ihr sagen können. Und was hab ich gesagt? „Hallo!" Damit gewinne ich garantiert nicht den Preis für die originellste Anmache.

10:58 Uhr
Scheiße, jetzt ist auch noch das Handy runtergefallen! Zum Glück ist das Display noch heil. Hauptsache, der Rest funktioniert auch noch!

10:59 Uhr
Scheint so weit alles okay zu sein. Nur noch eine App überprüfen ... „In der Schule sind Handys verboten", sagt sie. „Weiß ich." Ich stecke das Teil weg. „Ich hab ja auch gar keins." Sie zieht eine Augenbraue hoch. „Was machst du eigentlich hier, mitten in der Stunde?", frage ich schnell. „Und du?" „Handypause." Ich grinse. Sie hat ein echt süßes Lachen.

Lara *11:00 Uhr*
Er freut sich richtig über seinen Witz. Grinst wie ein kleiner Junge, mit total süßen Grübchen auf den Wangen. Unmöglich, da nicht zu lachen.

11:01 Uhr
Ob er sieht, was ich gerade gedacht habe? Dass ich seine Grübchen süß finde? Jetzt sind meine Wangen noch heißer. Ich halt's nicht mehr aus! Wenn er nicht bald was sagt, sag ich was!

11:02 Uhr
„Ich muss", sage ich schließlich und zeige auf die Treppe. „Was willst du denn da unten?", fragt er. „Eine Karte holen." „Karte? Für den Berger?" Ich nicke. „Warte, ich helf dir!" Er springt von der Fensterbank. „Ich bin übrigens Finn." „Lara".

11:03 Uhr
Jetzt stapfen wir zusammen runter zum Keller.

11:07 Uhr
Wir stapfen wieder hoch. Finn hat darauf bestanden, die Karte zu nehmen. Erst hab ich protestiert, aber nur kurz, denn das Teil ist echt ätzend zu tragen. Außerdem ist es ja irgendwie auch nett von ihm. Blöd nur, dass er jetzt hinter mir geht. Ich habe das Gefühl, er starrt mir direkt auf den Hintern.

Finn *11:08 Uhr*
Lara hat einen echt süßen Hintern! Klein und knackig. Und ich hab ihn direkt vor der Nase!

11:09 Uhr
Da vorne ist ihre Klassentür. Ich hatte recht. Sie geht in die 9a. Lara bleibt stehen. „Tja, dann ... danke", sagt sie und streckt die Hand nach der Karte aus. „Immer gerne", sage ich grinsend (...).

11:11 Uhr
Jetzt sitze ich wieder auf meinem Platz im Flur und kriege das Grinsen nicht mehr abgestellt.

Lara *11:12 Uhr*
Ich sitze wieder in der Klasse, auf meinem Platz neben Bea. Keine Ahnung, wie ich es hierhergeschafft habe. Als ich mit der Karte hereinkam, hörte ich Herrn Berger wie durch Watte sagen: „Das hat ja lange gedauert heute. Alles in Ordnung, Lara?" Ich glaube, ich habe genickt. Keine Ahnung, wie gesagt ... Und keine Ahnung, was der Berger gerade eben an der Karte gezeigt hat. Wahrscheinlich Grübchen.

Alles hat einen Anfang

Wenn zwei zueinanderfinden, gibt es immer einen Anfang. Was aus ihm wird, hängt von beiden ab. Immer sind viele Wege und Entwicklungen möglich. Manchmal wird aus diesem Anfang etwas, manchmal ist er sehr schnell wieder zu Ende.

Xuan Loc Xuan, 2016

1. Tragt den Dialog zwischen Finn und Lara in der Klasse vor. Belegt anhand von Textstellen, wie sich die Beziehung zueinander verändert.
2. Wie geht es mit Finn und Lara weiter? Welche verschiedenen Möglichkeiten sind denkbar? Teilt euch in Gruppen auf und denkt euch einen möglichen Verlauf aus. Überlegt auch, wie die Situation ein Jahr später sein könnte. Präsentiert eure Geschichten in der Klasse.
3. Betrachte das Bild. Wie könnte ein Anfang eines Zueinanderfindens entstehen? Gestalte dazu Denkblasen: Was nehmen die Personen wahr? Was denken sie?
4. Bildet Mädchen- und Jungengruppen. Erzählt euch reihum: Wie soll jemand sein, der zu mir passt?

Phasen der Liebe

Verliebtsein

Sich zu verlieben ist ein aufregendes und unvergessliches Erlebnis, und es ist ganz anders als die Zuneigung zum besten Freund oder zur besten Freundin. Dabei erfahren Jugendliche vieles zum ersten Mal: Sehnsucht, Schwärmerei, Hingerissensein, ein starkes Gefühl der Anziehung, sexuelle Gefühle. Das ist auch mit Unsicherheit verbunden: Mag er oder sie mich auch? Und was, wenn er oder sie mich nicht mag? Oft bleibt das erste Verliebtsein trotz aller Faszination eine „Liebe mit Abstand“: Ein scheuer Blick auf dem Schulhof und „Schmetterlinge im Bauch“.

Erste Liebe

Wenn zwei beginnen, „miteinander zu gehen“, ist es ein spannendes Abenteuer mit Höhen und Tiefen. Sie lernen den anderen und sich selbst neu kennen: Wer ist er oder sie? Wie denkt er oder sie? Was sind meine und was sind seine oder ihre Erwartungen? Wer bin ich und was will ich überhaupt? Wie stelle ich mir eine Partnerschaft vor? Was ist mir an Zärtlichkeit und Liebe wichtig? Liebeskummer, wenn Vorstellungen nicht zueinander passen, gehört dazu.

Wege des Zueinanderfindens

Vom ersten Verliebtsein bis zu einer längeren Beziehung ist es oft ein weiter Weg. Auf diesem Weg, den beide zusammen gehen, gibt es verschiedene Phasen der Nähe und des Zusammenseins, in denen sich die Beziehung immer wieder verändert. Manchmal spüren beide oder ein Partner nach einer gewissen Zeit, dass sie eigentlich überhaupt nicht zusammenpassen, und sie brechen den gemeinsamen Weg ab. Oder sie entdecken mit jedem Schritt, dass sie im Inneren zusammengehören und „sich gefunden haben“.

Was Liebe braucht

- *Liebe braucht Zeit:* Sie entsteht allmählich und muss sich entwickeln können.
- *Liebe braucht Vertrauen:* Vertrauen muss wachsen. Vertrauen ist das Band zwischen den Liebenden und das Fundament jeder Beziehung. Vertrauen, das enttäuscht wird, zerstört die Liebe.
- *Liebe braucht Freiheit:* Der Weg der Liebe ist auch ein Weg der Freiheit. Erpressung, Überheblichkeit oder Unterwürfigkeit führen voneinander weg. Liebende müssen sich gegenseitig die Freiheit lassen, „Ja“ oder „Nein“ zu sagen.
- *Liebe braucht Verantwortung:* Wenn sich zwei Menschen füreinander öffnen, machen sie sich auch schutzlos und zeigen ihre Schwächen. Zu einem verantwortungsvollen Umgang miteinander gehört deshalb z. B. nichts voneinander „auszuplaudern“, schon gar nicht in sozialen Netzwerken.

Cécile Veilhan, 2011

1. Fragt Erwachsene, die ihr gut kennt, nach der Geschichte ihrer ersten Liebe. Viele Menschen erzählen gern davon. Stellt zusammen, was für sie aus dieser Erfahrung beglückend und was schwierig war.

2. Nennt Gründe, warum der Weg des Zueinanderfindens oft Höhen und Tiefen hat.

3. Vertrauen, Zeit, Freiheit und Verantwortung: Erläutere, inwiefern sie dazu beitragen, dass die Liebe wachsen kann. Was führt dagegen voneinander weg?

4. Betrachte das Bild oben in Ruhe. Blättere dann zurück auf S. 7 und betrachte das Kapiteleingangsbild.
   - Beschreibe, wie in beiden Bildern Zuneigung und Zusammengehörigkeit dargestellt wird.
   - Gib jedem Bild eine Überschrift.

Religion und Sexualität

Alle Mädchen und Jungen erleben in der Jugendzeit starke seelische und körperliche Veränderungen. Auch wenn es „nur" eine Durchgangsphase zum Erwachsenenalter ist, so gibt es doch eine grundlegende Neuerung: Jugendliche können von jetzt an Kinder zeugen und zur Welt bringen – Kinder, die dann ihr ganzes Leben zu ihnen gehören. Heranwachsende treten damit in einen neuen Lebensabschnitt, mit dem eine große Verantwortung verbunden ist.

Zu allen Zeiten hat man gesehen und gewusst: Sexualität ist eine große Kraft, die das Leben prägt und neues Leben schafft. Religionen haben diese Kraft daher oft als göttlich angesehen. Das Christentum sieht in der Sexualität eine Gabe Gottes, die zugleich eine Aufgabe ist. „Es ist nicht gut, dass der Mensch allein ist", heißt es am Anfang der Bibel in den Schöpfungserzählungen (Gen 2,18). Dort wird erzählt, wie Gott Mann und Frau einander schenkt.

Warum es in den Religionen Regeln für die Sexualität gibt

Die Kraft, die in der Sexualität steckt, kann der Mensch gestalten, und er muss sie auch verantworten. Um dabei zu unterstützen und zu stärken, begleiten viele Religionen den Übergang zum Erwachsensein. Sie feiern z. B., wenn sich ein Paar fest miteinander verbinden will.
Und Religionen bieten Regeln an, die das Leben leiten können. Diese Regeln sind aus der Erfahrung gewachsen, dass Sexualität nur dann Erfüllung findet, wenn sie mit gegenseitiger Achtung und Verantwortung verbunden ist. Dazu gehören auch gesellschaftliche Tabus, die sogar gesetzlich festgeschrieben sind: Verboten sind beispielsweise sexuelle Handlungen von Erwachsenen mit Kindern oder zwischen Geschwistern.

Religionen sprechen Gebote und Verbote aus, die Hilfe sein wollen. Je nach Religion unterscheiden sich die Gebote im Einzelnen. Im Kern geht es ihnen aber um eine dauerhafte und treue Verbindung zwischen Mann und Frau. Dies soll auch den Kindern ein Aufwachsen in gesicherten Verhältnissen ermöglichen.

Was die Kirche zu Sexualität und Liebe sagt

Die Kirche hat sich immer wieder damit beschäftigt, was Liebe und Sexualität für den Menschen bedeuten. Papst Franziskus hat 2016 ein Schreiben verfasst mit dem Titel *Amoris laetitia*, auf Deutsch: „Die Freude der Liebe".

Gott selbst hat die Geschlechtlichkeit geschaffen, die ein wunderbares Geschenk für seine Geschöpfe ist.

Amoris laetitia, Nr. 150

Sexualität ist eine (...) zwischenmenschliche Sprache, bei der der andere ernst genommen wird in seinem heiligen und unantastbaren Wert.

Amoris laetitia, Nr. 151

Ein Mensch kann einem anderen kein größeres Geschenk machen als sich selbst. „Ich liebe dich" heißt für beide: „Ich will nur dich, ich will dich ganz und ich will dich für immer!" Weil das so ist, kann man „Ich liebe dich" eigentlich nicht auf Zeit oder auf Probe sagen, auch nicht mit dem Körper.

Youcat, Nr. 407

Der Papst beschreibt dort die Lehre der Kirche: Sie will helfen, dass Liebende in den unterschiedlichen Stufen ihrer Entwicklung ihr gemeinsames Glück finden: Beide Partner sollen das Wohlergehen des anderen immer im Blick haben. Eine gereifte Sexualität ist offen für den anderen und offen für die Weitergabe des Lebens. Sie findet ihren Ausdruck in der Ehe, in der sich Mann und Frau als Person annehmen und in Treue, Respekt und gegenseitiger Fürsorge „Ja" zueinander sagen.

Papst Franziskus spricht in seinem Schreiben auch an, wie Egoismus in der Sexualität verletzen und großen Schaden anrichten kann. Sexualität ist das Natürlichste der Welt. Gelungene Sexualität ist das Schönste der Welt. Missbrauchte Sexualität kann zum Grausamsten der Welt werden.

Für Jugendliche zusammengefasst findet man die Auffassung der Kirche zu Sexualität und Liebe etwa im Jugendkatechismus ▸ YOUCAT, der 2010 unter Papst Benedikt XVI. erschienen ist.

Viele Regeln – was ist der wichtigste Maßstab?

Manche Gesellschaften regeln Fragen der Sexualität sehr streng. Eine freie Gesellschaft lässt zu, dass es verschiedene Lösungen für den Umgang mit Sexualität gibt. Aber geht alles, was gefällt?

Die wichtigste Richtschnur, die sich schon in der Bibel findet, ist die Würde des Menschen: Jeder Mensch ist ein „Bild Gottes" (Gen 1,27). Das bedeutet für Liebe und Sexualität: Menschen dürfen in der Entfaltung ihrer Identität nicht gehindert oder diskriminiert werden. Niemand darf andere „benutzen" und so deren Würde mit Füßen treten. Alle Menschen sind gleich wertvoll.

1. Ist Liebe nicht Privatsache? Diskutiert, warum Religionen sich auch mit der Gestaltung der Sexualität beschäftigen.
2. Arbeitet in Kleingruppen heraus, wie die Kirche Liebe und Sexualität versteht. Präsentiert die Ergebnisse auf einem Plakat. Verwendet für eure Darstellung auch grafische Elemente und Symbole.
3. Betrachte und beschreibe das Foto. Wäre es als Titelbild für das Schreiben zu „Amoris laetitia – Die Freude der Liebe" geeignet? Begründe deine Meinung. Gestalte mit diesem oder einem anderen Bild, das du für geeigneter hältst, die Titelseite.
4. In einem Klassenchat teilt jemand ▸ Porno-Bilder. Das ist laut Gesetz eine Straftat. Nennt Gründe, warum das verboten ist und warum es im Widerspruch zu christlichen Werten steht.
5. Sexualität ist eine Gabe und eine Aufgabe. Denke darüber nach, was dieser Satz für dich bedeutet, und halte deine Gedanken in einigen Sätzen fest.

„Es ist nicht gut, dass der Mensch allein ist“

Geschichten vom Anfang

Liebe und Sexualität gehören zum Menschen. Dies wird auch in den biblischen Erzählungen vom Anfang, den sogenannten Schöpfungsgeschichten, deutlich. Zwei solcher „Geschichten vom Anfang“ stehen am Beginn der Bibel. Zweimal wird auf unterschiedliche Weise erzählt, wie der Mensch in die Welt kam. Dies zeigt bereits: Diese Geschichten vom Anfang wollen nichts darüber aussagen, wie das Leben auf der Erde und der Mensch tatsächlich entstanden sind. Die Erzählungen von den „ersten Menschen“ wollen veranschaulichen, was es bedeutet, ein Mensch zu sein: Wie ist das Verhältnis zueinander, zur Welt und zu Gott? Die Bibel ist überzeugt, dass alle Dinge in Gott ihren Ursprung haben und dass er die Menschen gewollt hat.

1. Schöpfungsgeschichte

Lasst uns Menschen machen als unser Bild, uns ähnlich! (...) Gott erschuf den Menschen als sein Bild, als Bild Gottes erschuf er ihn. Männlich und weiblich erschuf er sie. Gott segnete sie und Gott sprach zu ihnen: Seid fruchtbar und mehret euch, füllt die Erde. *Gen 1,26–28a*

Bild Gottes: Gott erschafft den Menschen als ein geschlechtliches Wesen. Es gibt die Menschen „männlich und weiblich“. Miteinander, als Mann und Frau, sind sie ein Bild Gottes: Ihre Liebe ist ein Bild der Liebe Gottes. In ihrer Fruchtbarkeit zeigt sich seine Fruchtbarkeit. Indem sie sich ergänzen, werden sie Mitschöpfer an der Welt.

2. Schöpfungsgeschichte

Dann sprach Gott, der HERR: Es ist nicht gut, dass der Mensch allein ist. Ich will ihm eine Hilfe machen, die ihm ebenbürtig ist. Da ließ Gott, der HERR, einen tiefen Schlaf auf den Menschen fallen, sodass er einschlief, nahm eine seiner Rippen und verschloss ihre Stelle mit Fleisch. Gott, der HERR, baute aus der Rippe, die er vom Menschen genommen hatte, eine Frau und führte sie dem Menschen zu. Und der Mensch sprach:
Das endlich ist Bein von meinem Bein und Fleisch von meinem Fleisch. Frau soll sie genannt werden; denn vom Mann ist sie genommen.*
Darum verlässt der Mann Vater und Mutter und hängt seiner Frau an und sie werden *ein* Fleisch. Beide, der Mensch und seine Frau, waren nackt, aber sie schämten sich nicht voreinander. *Gen 2,18.21–25*

Eine Hilfe, ihm ebenbürtig: Gott, der zuvor den Menschen aus Erde geformt hat, „baut“ aus seiner Rippe die Frau, weil dem Menschen alleine etwas fehlt. Aus dem Menschen werden Mann und Frau. Sie sind einander ebenbürtig und eine Hilfe. Sie gehören zueinander. Wenn sich beide in der Liebe finden und vereinigen, dann werden sie „ganz“. Dieses Miteinander ist ein Geschenk Gottes.

Nacktheit ist ein Zeichen von Intimität, aber auch von Schutzlosigkeit. Nackt zu sein, ohne Scham zu empfinden, bedeutet: den anderen in seinem Innersten sehen dürfen – und sich selbst auch so zeigen können. Hier wenden sich zwei Menschen einander zu und öffnen sich füreinander, ganz und gar. Sie nehmen einander an, so wie sie sind.

* Im hebräischen Text liegt ein Wortspiel vor: Mann (isch) und Frau (ischa).

Brian Kershisnik, 2002

Adam und Eva

Die „ersten Menschen" sind in den beiden Schöpfungserzählungen noch namenlos. Die Namen „Adam und Eva" tauchen erst in den folgenden Erzählungen auf. Das hebräische Wort *adam* bedeutet „Mensch". In ihm klingt das Wort *adama* für Erdboden an. Man könnte „Adam" also auch mit „Erdling" übersetzen – eine Anspielung darauf, dass Gott den Menschen in der zweiten Schöpfungsgeschichte aus Erde formt und ihm dann Leben einhaucht. Adam nennt seine Frau schließlich „Eva". Das bedeutet „Leben"; denn sie wird weiteres Leben schenken.

1. Lest beide Schöpfungsgeschichten der Bibel laut in der Klasse. Tragt zusammen: Was wird in den Geschichten darüber gesagt, was es bedeutet, ein Mensch zu sein? Bezieht auch die erklärenden Texte mit ein.
2. Manche leiten von der zweiten biblischen Schöpfungsgeschichte den Vorrang des Mannes vor der Frau ab. Nimm dazu Stellung.
3. Betrachtet das Bild mit „Adam und Eva". Wie charakterisiert der Künstler die beiden? Wie stellt er ihr Verhältnis zueinander dar? Zeigt auf, wie er Aussagen aus den biblischen Schöpfungsgeschichten umsetzt und gestaltet.

Lieder der Liebe

Was geschieht in zwei Menschen, die „sich finden"? Sie werden überflutet von Glücksgefühlen. Es sind Erfahrungen, die nicht leicht in Worte gefasst werden können. Die Liebe lässt sich viel leichter in Liedern ausdrücken und besingen. Hört man diese Lieder, dann kann man erahnen, was Verliebtheit, Leidenschaft und Liebe bedeuten und was sie in den Liebenden auslösen. Und es ist nicht zufällig, dass Liebeslieder zu jenen Liedern gehören, die weltweit am häufigsten gesungen, gehört und mitgesungen werden.

SPORTFREUNDE STILLER

Ein Kompliment

Wenn man so will,
bist du das Ziel einer langen Reise.
Die Perfektion der besten Art und Weise,
in stillen Momenten leise,
die Schaumkrone der Woge der Begeisterung,
bergauf, mein Antrieb und Schwung.

Die Dimension der Liebe

In der Liebe erfahren Menschen eine neue Dimension des Lebens; es ist, als ob sich „ein Himmel" oder „das Paradies" öffnet. Vielfältige Bilder vom „siebten Himmel" oder von „den Geigen, die am Himmel hängen", bringen die pure Freude und den Glückszustand des Verliebtseins zum Ausdruck. Dabei lässt die Liebe die Welt in neuen Farben erscheinen. Sie wird oft erlebt als das eigentliche Ziel des Lebens und das Schönste überhaupt. Und obwohl viel über die Liebe gesungen und gesprochen wird, kann niemand ganz genau sagen, was sie ist. Sie ist immer auch ein Geheimnis und größer als alle Lieder und Worte und deshalb wird sie immer wieder neu besungen, bis heute, und das wird auch in Zukunft so sein.

Das Buch Hohelied im AT

Eines der ältesten überlieferten Lieder der Liebe ist das Hohelied aus dem AT, das etwa im 4. Jahrhundert v. Chr. aufgeschrieben wurde. Es besteht aus einer Sammlung von Liebesliedern voller Zärtlichkeit und Erotik. Mann und Frau beschreiben abwechselnd ihre Liebe zueinander und preisen die Schönheit des anderen. Dabei verwenden sie eine bildhafte und sehr sinnliche Sprache.

Das „Lied der Lieder", wie es im Judentum genannt wird, besingt auch das Feuer der Liebe und der Leidenschaft. „Stark wie der Tod" kann sich die Liebe gegen alle Widerstände durchsetzen. Spätere Generationen haben in ihm auch die innige und leidenschaftliche Liebe zwischen Gott und seinem Volk gesehen.

Verliebtsein und Liebe

Die Glücksgefühle des Verliebtseins, die in den Liebesliedern immer wieder neu besungen werden, sind Gefühle des Anfangs, wenn Menschen sich füreinander öffnen. Psychologen sprechen davon, dass Verliebtsein ein psychologischer Ausnahmezustand ist, der oft auch blind für die negativen Seiten des oder der anderen macht. Die Hochgefühle des Verliebtseins können sich deshalb auch wieder verlieren. Sie können aber auch der Beginn einer Liebe zwischen zwei Menschen sein, erlebbar als Raum des Vertrauens und der Geborgenheit: der Anfang einer innigen Bindung, in der beide gemeinsam durchs Leben gehen.

Aus dem Hohelied

Wie schön sind deine Füße in den Sandalen, du Fürstentochter!
Deiner Hüften Rund ist wie Geschmeide, gefertigt von Künstlerhand.
Dein Nabel ist eine runde Schale, Würzwein mangelt ihm nicht.
Dein Leib ist wie ein Weizenhügel, mit Lilien umstellt.

Wie schön bist du und wie reizend, Liebe, Tochter aller Wonnen!
Wie eine Palme ist dein Wuchs; deine Brüste sind wie Trauben.
Ich sage: Ersteigen will ich die Palme, ich greife nach ihren Rispen.
Wie Trauben am Weinstock seien mir deine Brüste,
wie Apfelduft sei der Duft deines Atems
und dein Gaumen ist wie guter Wein, (...)
der die Lippen der Schlafenden netzt.
Ich gehöre meinem Geliebten und ihn verlangt nach mir.

Stört die Liebe nicht auf, weckt sie nicht, bis es ihr selbst gefällt!

Denn stark wie der Tod ist die Liebe,
die Leidenschaft ist hart wie die Unterwelt!
Ihre Gluten sind Feuergluten, gewaltige Flammen.
Mächtige Wasser können die Liebe nicht löschen,
auch Ströme schwemmen sie nicht hinweg.
Böte einer für die Liebe den ganzen Reichtum seines Hauses,
nur verachten würde man ihn.

Hld 7,2–3; 7,7–11; 2,7b; 8,6b–7

1. Lest die Strophe aus dem Lied „Ein Kompliment" und gleich danach die Verse aus dem Hohelied. Zwischen beiden Liedern liegen etwa 2400 Jahre. Tauscht eure Eindrücke aus. Was haben beide Lieder gemeinsam, worin unterscheiden sie sich?

2. Tragt die sprachlichen Bilder aus dem Hohelied zusammen und beschreibt, wie damit über die Geliebte und die Liebe gesungen wird. Diskutiert, inwiefern dies eine angemessene Sprache der Liebe sein kann.

3. Bringt selbst Liebeslieder in den Unterricht mit, die ihr gerne hört, und sagt einander, warum sie euch ansprechen. Was gehört eurer Meinung nach in ein Liebeslied und was nicht?

4. Wähle einige Sätze aus einem Liebeslied aus, schreibe sie in dein Heft und gestalte sie mit einem Rahmen, der den Inhalt zum Ausdruck bringt.

Hätte ich die Liebe nicht ...

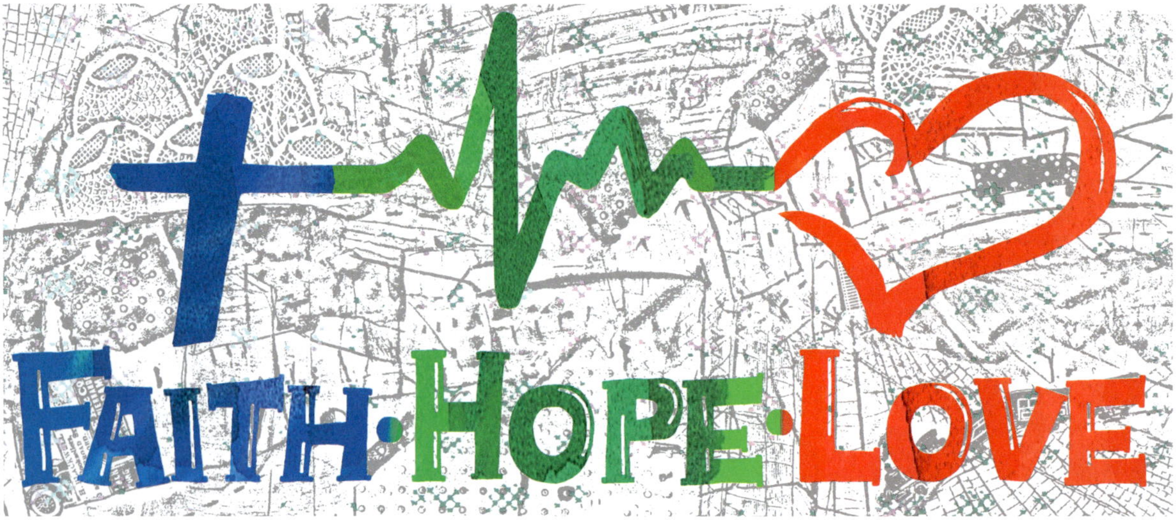

Entwurf eines Tattoos zum „Hohelied der Liebe" 1 Kor 13

Das Hohelied der Liebe im NT

Auch im NT ist ein „Lied" über die Liebe überliefert. Es stammt aus einem Brief des Apostels Paulus an die Gemeinde von Korinth.

Meint das Hohelied im AT die erotische Liebe zwischen Mann und Frau, so besingt das „Hohelied der Liebe" von Paulus, wie wichtig die Liebe für das menschliche Zusammenleben ist. Anlass waren herzloses Verhalten und Überheblichkeit in der Gemeinde von Korinth. Paulus prangert das in seinem Brief als unchristlich an. Gott ist Liebe. Seine Liebe soll sich auch im Umgang miteinander zeigen.

Bis heute haben Paare diese Worte auch auf ihr Leben zu zweit bezogen. Deshalb wird dieser Text auch „das Hohelied der Liebe" genannt, das die Liebe lobt und preist.

1. Lest den Text 1 Kor 13 zuerst leise und tragt ihn dann reihum laut in der Klasse vor. Dabei sollte jede und jeder eine Zeile lesen.
   - Notiert die Tätigkeitswörter, mit denen die Liebe beschrieben wird. Was sagen diese Wörter über die Liebe aus?
   - Etwas tun mit Liebe und etwas tun ohne Liebe: Stellt den Unterschied dar.
   - Nennt Gründe, warum „Das Hohelied der Liebe" von vielen Brautpaaren für ihren Traugottesdienst verwendet wird. Wie könnte es ihnen helfen, ihre Liebe zu leben?
2. Deute die Teile des Tattoos und erläutere, wie sie zusammengehören.
3. Gestalte ein eigenes Tattoo zu 1 Kor 13 in deinem Heft.

„Das Hohelied der Liebe“

Wenn ich in den Sprachen der Menschen und Engel redete,
hätte aber die Liebe nicht,
wäre ich dröhnendes Erz oder eine lärmende Pauke.

Und wenn ich prophetisch reden könnte und alle Geheimnisse wüsste
und alle Erkenntnis hätte;
wenn ich alle Glaubenskraft besäße und Berge damit versetzen könnte,
hätte aber die Liebe nicht, wäre ich nichts.

Und wenn ich meine ganze Habe verschenkte
und wenn ich meinen Leib opferte,
um mich zu rühmen,
hätte aber die Liebe nicht, nützte es mir nichts.

Die Liebe ist langmütig,
die Liebe ist gütig.
Sie ereifert sich nicht,
sie prahlt nicht,
sie bläht sich nicht auf.
Sie handelt nicht ungehörig,
sucht nicht ihren Vorteil,
lässt sich nicht zum Zorn reizen,
trägt das Böse nicht nach.
Sie freut sich nicht über das Unrecht,
sondern freut sich an der Wahrheit.

Sie erträgt alles, glaubt alles, hofft alles, hält allem stand.

Die Liebe hört niemals auf.

Für jetzt bleiben Glaube, Hoffnung, Liebe, diese drei;

doch am größten unter ihnen ist die Liebe.

1 Kor 13,1–8a.13

Homosexualität im Spannungsfeld von Kirche und Gesellschaft

Lieber Gott, mach, dass es nicht wahr ist!

Eigentlich war ich keine Kirchgängerin, vielleicht ein bisschen religiös noch, aber gebetet hatte ich schon lange nicht mehr. Doch als es immer mehr zur Gewissheit wurde, als kein Verleugnen, Verdrängen, kein selbst verschriebener Umpolungsprozess mehr half, habe ich nur noch gebetet: „Lieber Gott, mach, dass es nicht wahr ist!“ Ich habe mich in der Straßenbahn dabei erwischt, laut und vernehmlich vor mich hin zu reden, in Gedanken versunken: „Nein, nein!“ Ich hab mich tierisch erschrocken danach. Aber es ging mir nicht aus dem Kopf: Irgendeine äußere Macht, Gott, sollte mir helfen. Ich versprach dem Himmel alles Mögliche, wenn er nur macht, dass ich diese quälende Leidenschaft loswerde, die ich anderen Frauen gegenüber verspürte. Die Haltung der Kirche kannte ich: Nachsichtig soll man mit mir umgehen, denn schließlich könne ich nichts für mein Schicksal. Ich hörte es während einer Diskussion im Fernsehen. Nur ausleben dürfte ich das nicht, denn auch nicht jede Kleptomanin dürfe ihrer Neigung nachkommen und einfach andere beklauen. „Stimmt“, sagte mein Vater damals, und damit wusste ich, dass sie alle zusammenhalten. Ich hätte ihnen den Hals umdrehen können, bin rausgelaufen. Und dann war es wieder da, das quälende Gefühl, vielleicht doch nichts wert zu sein, einer Laune der Natur zum Opfer gefallen zu sein – angewiesen auf die Barmherzigkeit anderer – wie ein Behinderter.

GABI, 19 JAHRE

Gott nimmt mich so, wie ich bin

Ich habe mir meine Homosexualität schließlich nicht ausgesucht. Und sie schadet auch niemandem. Meinem Mann und mir geht es gut. Ich bin trotzdem gern katholisch, weil ich überzeugt bin, dass Gott mich so nimmt, wie ich bin. Weil mein Glaube so selbstverständlich zu mir gehört wie mein Schwulsein.

JENS SPAHN, Politiker, *1980

1. Lest den Text von Gabi und tauscht euch darüber aus, warum es schwierig sein kann, zu seiner Sexualität zu stehen.
2. Erläutere die Stellung der Kirche zur Homosexualität und warum es zur Diskussion darüber gekommen ist.
3. Zeige die Spannung von Kirche und Gesellschaft anhand der Aussage des Politikers Jens Spahn und des Fotos auf S. 21 auf.
4. Sollte es eine kirchliche Feier auch für homosexuelle Paare geben? Führt eine Pro- und-Kontra-Diskussion[M].

Homosexualität

Homosexuelle fühlen sich zu einem gleichgeschlechtlichen Partner hingezogen. Das griechische Wort *homo* bedeutet „gleich", im Gegensatz zu *hetero* „ungleich, verschieden". In der Pubertät können homosexuelle Handlungen vorübergehend sein. Eine prägende Neigung ist Homosexualität dann, wenn Menschen dauerhaft auf das eigene Geschlecht ausgerichtet sind. Bei Männern ist der Begriff „schwul sein" gebräuchlich, bei Frauen „lesbisch sein". Beide Begriffe wurden früher als Schimpfwort verwendet. Sie haben sich aber heute im allgemeinen Sprachgebrauch durchgesetzt.

Dekoration auf einer Hochzeitstorte

Homosexualität in Deutschland

Homosexuelle wurden lange Zeit diskriminiert und als Außenseiter abgestempelt, früher sogar verfolgt und kriminalisiert. Seit einigen Jahren ist Homosexualität jedoch immer mehr akzeptiert und in der Öffentlichkeit sichtbarer. Politikerinnen und Politiker und andere prominente Persönlichkeiten bekennen sich offen zu ihrer Homosexualität. Die zunehmende gesellschaftliche Anerkennung drückt sich auch in der gestiegenen Zahl derjenigen aus, die sich zu ihrer Homosexualität bekennen. Laut einer Umfrage von 2016 sind in Deutschland insgesamt 3,3 % der Bevölkerung homosexuell; das sind fast dreimal so viele Menschen wie noch 16 Jahre zuvor. Und es leben rund 78.000 gleichgeschlechtliche Paare zusammen (Familienreport 2017). Im Juni 2017 kam es im Bundestag zu einer weitreichenden Entscheidung: Nach langen Diskussionen um die sogenannte „Ehe für alle" stimmte die Mehrheit dafür, dass auch gleichgeschlechtliche Paare in Deutschland heiraten dürfen.

Stellung der Kirche zur Homosexualität

Die Kirche lehnt die „Ehe für alle" ab: Weil die Weitergabe des Lebens, also die natürliche Zeugung von Kindern, nur in heterosexuellen Beziehungen möglich ist, kommt der Ehe zwischen Mann und Frau eine besondere Bedeutung zu. Die Ehe, in der Mann und Frau ihre Liebe leben, ist auch ein Zeichen für Gottes Liebe (vgl. Gen 1 und 2). Die Ehe zwischen heterosexuellen Menschen ist aus diesem Grund zu schützen und sollte nicht mit anderen Formen der Partnerschaft gleichgestellt werden. Gleichzeitig betont die Kirche, dass homosexuell veranlagte Menschen nicht diskriminiert oder an den Rand gedrängt werden dürfen. Ihnen ist vielmehr mit Respekt, Takt und Wertschätzung zu begegnen.

Vor diesem Hintergrund findet eine Diskussion darüber statt, wie ein angemessener Umgang mit Homosexualität aussieht: Ist nicht auch eine dauerhafte homosexuelle Beziehung wertvoll? Wie kann unterstützt werden, wenn Menschen in einer homosexuellen Partnerschaft treu zueinanderstehen und füreinander Verantwortung übernehmen wollen? Können homosexuelle Paare von der Kirche gesegnet werden?

Manchmal gar nicht so einfach

Anna hat sich mit ihrem Freund Niclas nach seinem Fußballtraining in der Eisdiele verabredet. Sie wartet nun schon eine Viertelstunde. Schließlich ruft sie ihn auf dem Handy an. Er sagt, er sei bei seinen Kumpels zum Computerspielen, das hätte sich so ergeben. Anna legt auf und ist wütend.

So schön es ist, sich zu verlieben und die Zuneigung eines Menschen zu spüren, so ist es doch manchmal gar nicht so einfach, einander gerecht zu werden. Das hat oft mit unterschiedlichen Erwartungen, Vorstellungen und mit ▸ Kommunikation zu tun. Einige Regeln für das Gespräch miteinander können helfen, sich gegenseitig ernst zu nehmen und einander offen und frei zu begegnen.

1. Betrachtet das Bild und beschreibt, wie die „Pärchen" zueinander stehen.
2. Spielt die Situation von Anna und Niclas in einem Rollenspiel nach. Führt es in zwei oder drei Varianten vor der Klasse auf. Diskutiert das Verhalten der beiden.
3. Sammelt weitere Situationen, die manchmal in einer Beziehung „nicht so einfach" sind.
4. Lies den Text über Partnerschaft von Mill Majerus auf S. 23.
   - Schreibe Formulierungen heraus, die für die Partnerschaft wichtig sind. Gestaltet in Gruppen – möglichst Jungen und Mädchen gemischt – auf einem Plakat ein „Partnerschaftshaus" mit Fundamenten, tragenden Wänden, Zwischenmauern, Fenstern und einem Dach.
   - Spielt die Situation zwischen Anna und Niclas noch einmal. Berücksichtigt die Punkte von Majerus.

Fünf Punkte für eine gute Partnerschaft

1. Jede Partnerschaft ist einmalig, genau wie auch wir Menschen einzigartig und unverwechselbar sind. Jedes Paar ist anders und jede neue Partnerschaft muss gewissermaßen neu „erfunden" werden. (...)

2. Partnerschaft geht nicht von selbst. Man muss sich umeinander bemühen. Jede Beziehung, die Menschen aufbauen, „kostet" Mühe, Sorgen, persönlichen Einsatz und viel Zeit. Wer eine Partnerschaft eingeht, muss bereit sein zu geben, ohne zu zählen, ohne zu berechnen. (...)

3. Partnerschaft braucht das Gespräch. Einige Dialogregeln seien hier kurz angetippt:

- Nimm dir Zeit, um mit deinem Partner zu sprechen! Unbeteiligte (...) haben dabei nichts zu suchen! (...)
- Versuche, deinem Partner genau zuzuhören, und lass ihn aussprechen!
- Gib dir Mühe, seine Gefühle, Wünsche und Erwartungen zu verstehen! Dies ist besonders dann nötig, wenn du selbst anders denkst und fühlst.
- Nimm den anderen ernst: Übertreibe nicht! Banalisiere nicht, was er sagt! Verspotte nicht! (...)
- Sei selbst offen und sprich dich aus! Andere können nicht erraten, was in dir vorgeht, auch wenn du noch so strahlend oder finster dreinschaust.
- Verbirg vor allem deine Gefühle nicht! Gestehe dir und deinem Partner auch negative Gefühle ein (Angst, Wut, Enttäuschung ...)!
- Bring deine Erwartungen und Wünsche vor, aber sei nicht eingeschnappt, wenn der andere nicht sofort darauf eingeht!
- Streite fair! Lass den anderen zu Wort kommen! Greife seine Argumente auf und setze dich ehrlich damit auseinander! Friss nicht alles stillschweigend in dich hinein!
- Sei mutig und wage selbst wieder erste liebe Worte nach einer Trotzphase oder nach einem heftigen Streit! Es ist dies kein Zeichen der Schwäche, sondern der Stärke.
- Spare nicht mit Anerkennung! Allzu oft reiben wir einander nur unsere Fehler unter die Nase.
- Vergiss den Humor nicht! Nimm dich ernst – aber keineswegs todernst!

4. In einer Partnerschaft muss jeder frei bleiben, seine Eigenart zu erhalten und zu pflegen. Sonst wird die Beziehung zum Gefängnis. Wer übrigens auf eigene Hobbys, Freunde, Wünsche und Ideen verzichtet, wird schnell unattraktiv.

5. Partnerschaft braucht viele gute Worte, zärtliche Gesten, liebe Zeichen. Es ist wichtig, dass Partner einander immer wieder ihre Zuneigung sagen: Du bist schön! Ich brauche dich! Das hast du gut gemacht, danke! (...)

Partnerschaft vermag Freude zu schenken, Geborgenheit, Liebe und Wärme. Sie kommt allerdings nicht aus ohne Treue, Dialog, Verzeihen, Geduld und Respekt.

MILL MAJERUS

Auf die Sprache kommt es an

M.: „Mach doch mal endlich deine Musik aus!“
V.: „Hey, wie redest du denn mit mir?“
M.: „Mensch, bist du empfindlich.“
V.: „Ich empfindlich? Quatsch, du bist empfindlich. Und nie gönnst du mir etwas!“
M.: „Was? Du willst immer alles bestimmen!“
V.: „Ich tanz doch nicht nach deiner Pfeife, lass mich!“

Im Streit werfen sich Menschen schnell solche oder ähnliche Sätze an den Kopf. Sie sagen dann zum anderen „du tust immer“ oder „nie“ und fühlen sich vom anderen angegriffen. Wer am Streit schuld ist, das wissen beide meist genau: der andere. Er oder sie muss sich ändern oder zumindest entschuldigen. Am Ende drehen sich die Streitenden häufig im Kreis. Streit beginnt oft mit Worten. Worte können verletzen.

Worte können aber auch dazu beitragen, einander besser zu verstehen. Das ist die Überzeugung von Marshall B. ▸ Rosenberg, der das Modell der „gewaltfreien Kommunikation“ entwickelt hat. Menschen lernen dabei, in vier Schritten ehrlich anzusprechen, was sie stört – ohne Vorwurf und ohne Angriff. Viele finden seine vier Schritte so hilfreich, dass sie auch in der Schule angewendet werden. Vertrauensschülerinnen und -schüler arbeiten damit, so wie Lisa und Quirin aus Freising bei München.

Quirin: Ich bin durch unsere Jugendgruppe dazu gekommen, mich zu fragen, wie man Konflikte besser lösen kann. Da gab es leider öfter Streit.

Lisa: Vertrauensschülerin bin ich schon viele Jahre. Das hat mir viel Freude gemacht. Bald gehe ich von unserer Schule ab, deshalb finde ich es gut, wenn ich jetzt den Stab an Jugendliche aus unteren Klassen abgebe. Sie werden das bestimmt auch gut machen.

Quirin: Für Vertrauensschüler gibt es bei uns an der Schule sogar ein eigenes Casting. Jetzt bin ich in der achten Klasse und kann die Ausbildung machen. Dazu gehört auch ein Training in „gewaltfreier Kommunikation“.

Lisa: Ich finde es wichtig, dass das nur jemand macht, der es ernst meint und mit der richtigen Motivation dabei ist. Wie jemand auf Menschen zugeht, darauf kommt es letztlich an.

Quirin: Ich habe viel dazugelernt. Jetzt fällt mir auf, wie Menschen eigentlich miteinander reden. Es gibt da große Unterschiede. Wir nennen das „Wolfsprache“ und „Giraffensprache“: Der Wolf spricht aggressiv und merkt gar nicht, wie das andere verletzt. Ich bemerke jetzt sofort, wenn Leute die Wolfsprache benutzen, wenn sie andere kritisieren, ihnen drohen oder ihnen Schuld zuweisen.

Lisa: Es geht darum, ehrlich seine Gefühle auszudrücken. Ich denke, vielen Leuten fällt es schwer. Oder sie trauen sich nicht zu sagen, was sie wirklich empfinden. Dafür steht die Giraffe: Sie ist das Tier, das auf der Erde das größte Herz hat. Wenn die Menschen ihre Gefühle und ihre Bedürfnisse wirklich wahrnehmen und äußern würden, dann würden sie auch viel besser miteinander umgehen.

Quirin: Das lernen wir auch in der Ausbildung, wenn wir es mit Konflikten zu tun bekommen. Die kommen in der Schule immer wieder vor: Jemand ist wütend und traurig, weil er denkt, dass er ausgegrenzt wird. Oder es gibt Streit in einer Freundschaft. Dann ist es gut, wenn man einen Weg weiß, wie man aus solchen Schwierigkeiten wieder herauskommt. Ich habe das früher selbst erlebt und bin dann auch zur Vertrauensschülerin gegangen.

Lisa: Zuerst rede ich einzeln mit den Konfliktparteien. Sie erleben bei mir: Hier werde ich ernst genommen, mir hört jemand genau zu. Durch meine Fragen lernen sie, besser auf ihre Gefühle und Bedürfnisse zu achten und sie auch auszusprechen.

Quirin: Später kommen die beiden im selben Raum zusammen. Nun sprechen sie miteinander und wir sind dabei. Oft gelingt es, dass sie für ihren Streit eine gute Lösung finden und gegenseitig ihre Bitten äußern.

Lisa: Das funktioniert aber nur, wenn beide mitmachen und einander zuhören. Ohne diese Bereitschaft geht es nicht. Eigentlich helfen wir dabei, dass sie selbst draufkommen, wie eine Lösung aussieht. Wir nehmen dem Streit durch diese Vorgehensweise aber die Spitze. Zum Glück sind wir dabei aber nicht allein – wenn es mal nicht klappt, können wir unsere Vertrauenslehrerin um Hilfe bitten.

Quirin: Ich finde diese Arbeit klasse. Sie ist auch für mich persönlich wichtig. Ich habe inzwischen gelernt: Ich bin nicht für alle verantwortlich. Und: Ich habe jetzt etwas, das ich anwenden kann. Das hilft mir auch bei meinen eigenen Angelegenheiten.

Mit diesem Plakat arbeiten Lisa und Quirin. Es zeigt die vier Schritte der „gewaltfreien Kommunikation". Ziel ist es, die „Giraffensprache" zu lernen:
1. Wer beobachtet, nimmt wahr, statt zu bewerten.
2. Gefühle sind im Körper spürbar und können Wegweiser sein zu dem, was man braucht.
3. Durch den Blick auf Bedürfnisse kann Verständnis füreinander entstehen.
4. Forderungen sind Befehle – eine Bitte ist dagegen ein Angebot zur Kooperation.

1. Lest das Gespräch mit Quirin und Lisa in verteilten Rollen. Erstellt für ein Casting ein Werbeplakat mit dem Titel: „Vertrauensschüler/-in gesucht!"

2. Lest zu zweit den Streit auf S. 24 oben. Wie könnte das Gespräch in Giraffensprache lauten? Verwendet den gleichen Startsatz für euren Dialog. Tragt die Dialoge laut in der Klasse vor. Tauscht euch darüber aus, worauf es ankommt, wenn ▸ Kommunikation zwischen Paaren gelingen soll.

3. Begründet, warum Marshall B. Rosenberg die „gewaltfreie Kommunikation" auch „Sprache des Herzens" nannte.

„Ich hätte alles erzählt“: Sexuelle Gewalt

Die Geschichte von Lea

Es begann, als sie fünf, und endete, als sie 13 war. Der Täter war der Onkel.

Lea war ein ungeplantes Kind, die Mutter haderte damit, dass sie ihr Studium aufgegeben hatte; sie ließ ihre Wut an Lea aus, dann war sie wieder nett. Der Vater war viel weg. Die Eltern waren sehr mit sich selbst beschäftigt.

Für Lea blieb nicht viel Zeit – deswegen war sie immer wieder für Tage beim Onkel, damals. Zunächst war Lea gerne dort. Der Onkel las der Fünfjährigen abends Geschichten vor, das machten ihre Eltern nie. Aber dann änderten sich die abendlichen Rituale. Der Onkel fasste sie überall an und gab das als Entdeckungsspiel aus. „Hast du das schon mal gesehen?“ Und: „Schau mal, das machen Erwachsene.“

Es war ihr alles sehr unangenehm, schon wie er sie anfasste. Es war irgendwie nicht richtig. Lea verstand das alles nicht. Aber vielleicht war es normal, was der Onkel mit ihr machte, und sie musste es durchstehen. Auf keinen Fall wollte sie ins Heim, wie der Onkel androhte, sollte sie etwas erzählen.

Sie ist sechs oder sieben, als der Onkel nachts in ihr Zimmer kommt und sagt, heute werde Lea ihn sehr glücklich machen.

In dieser Zeit beginnt es, dass sie nachts Kinderstimmen hört, ein Wimmern, dass ihr das Blut gefriert. Die Eltern führen die „Albträume“ darauf zurück, dass das Kind die Vorschau zu einem Horrorfilm gesehen hat.

Der Onkel hat eine Frau. Lea kann sich nicht vorstellen, dass die Tante nicht mitbekommen hat, dass ihr Mann immer dann nachts aus dem Schlafzimmer verschwand, wenn das kleine Mädchen zu Besuch war. Die Tante zeigte deutlich, dass sie Lea nicht mochte.

Hätte sie sich denn nicht jemandem anvertrauen können? Nein, sagt Lea, dazu hatte sie zu viel Angst. Hätte sich jemand ernstlich für sie interessiert, als sie 11 oder 12 war – „ich glaube, ich wäre sofort in mir zusammengebrochen und hätte alles erzählt“. Mit 13, 14 aber hätte sie sich durch solche Fragerei angegriffen gefühlt. Da hatte sie schon alles in sich verschlossen.

NACH CHRISTINE HOLCH

1. Lest die Geschichte von Lea und tauscht euch in der Klasse darüber aus, warum sexueller Missbrauch so schmerzhaft ist und einen Menschen oft sehr lange und schwer belasten kann.
2. Nennt Gründe, weshalb Wissen über sexuellen Missbrauch wichtig ist. Wo fängt er für euch an? Denkt dabei auch an die Medien und bringt eure Erfahrungen mit dem Internet mit ein.
3. Was hätte Lea und anderen Betroffenen geholfen? Tragt zusammen, welche Hilfen und welchen Schutz der Text auf S. 27 vorschlägt. Ergänzt mit eigenen Ideen.
4. Wie bringt das Bild die Not der Betroffenen zum Ausdruck? Gestaltet selbst ein Bild. Ihr könnt euch am Bild von missio zur „Aktion Schutzengel“ orientieren. Versucht dabei zum Ausdruck zu bringen, wie die Betroffenen Hilfe und Unterstützung finden und Trost erfahren können.

Sexueller Missbrauch

Sexueller Missbrauch bedeutet, dass jemand seine Macht gegenüber Jungen und Mädchen für die eigene sexuelle Befriedigung ausnutzt. Er missbraucht dazu ihre Unwissenheit, ihr Vertrauen und ihre Abhängigkeit.

Sexueller Missbrauch – weit verbreitet: Mehr als zehn Prozent aller Mädchen und Jungen erleben vor ihrer Volljährigkeit sexuelle Gewalt. Meist sind es nicht Fremde, die Kinder missbrauchen. In 75 % der Fälle sind die Täter Menschen, die den Kindern nahestehen. Oft ist es sogar jemand, den das Mädchen oder der Junge liebt oder dem sie bislang vertrauen: Vater, Stiefvater, Opa, Tante, Onkel, Lehrer, Bruder, Trainer in Sport- oder Schwimmvereinen, manchmal sogar Pfarrer. Aber auch in den Chaträumen des Internets nehmen Täter und Täterinnen zu Kindern und Jugendlichen Kontakt auf.

Jugendliche Täter und neue Medien: Sexuelle Gewalt wird nicht ausschließlich von Erwachsenen begangen. Ein Drittel der Taten verüben Jugendliche unter 21 Jahren. Es ist bereits ein sexueller Übergriff, wenn in sozialen Netzwerken Kinder und Jugendliche durch sexuelle Anmache, anzügliche Bilder oder ▸ Pornos bedrängt werden.

Strategie der Täter – Signale der Betroffenen: Sexueller Missbrauch wird von Tätern und Täterinnen geplant. Er beginnt mit sexuellen Grenzverletzungen durch Blicke, Bemerkungen, scheinbar zufälligen Berührungen, besonders im Intimbereich, oder durch Küsse. Die Übergriffe können sich manchmal wiederholen und über Jahre hinweg steigern. Verstummen, Rückzug, Leistungseinbrüche in der Schule und erhöhte Aggressivität können Signale und Hilferufe von Betroffenen sein.

Hilfe holen: Sexueller Missbrauch ist eine schmerzhafte und zerstörerische Erfahrung für die Betroffenen. Für sie ist es wichtig, sich Hilfe bei Personen zu holen, denen sie vertrauen, und das Erlebte nicht aus Scham zu verschweigen. Sie können sich auch an spezielle ▸ Beratungsstellen wenden, die erste Unterstützung bieten.

missio, Aktion Schutzengel

Ich habe Rechte: Zur Vorbeugung von Missbrauch hilft, dass sich Kinder und Jugendliche ihrer Rechte bewusst sind: Dazu gehört auch das Recht auf den eigenen Körper und auf seelische Gesundheit. Fachleute betonen, dass es wichtig ist, folgende Botschaften zu verinnerlichen:

- Mein Körper gehört mir.
- Ich darf NEIN sagen.
- Ich darf über schlechte Geheimnisse sprechen.
- Hilfeholen ist kein Petzen.
- Ich habe keine Schuld an sexuellem Missbrauch.
- Ich habe ein Recht auf Hilfe.

Aus Zweien wird Eines

Gott segne deine Weisheit

Ein Junge ist unterwegs in die Stadt. Er trägt auf dem Rücken einen Kupferkessel, führt eine Ziege an der einen Hand und hält in der anderen ein lebendes Huhn und einen Stock. Unterwegs trifft er ein Mädchen, und sie gehen den Weg in die Stadt gemeinsam. Dabei kommen sie zu einer tiefen Schlucht.

„Durch diese dunkle Schlucht geh ich nicht mit dir“, sagt das Mädchen. „Du könntest mich umarmen und küssen.“ „Wie denn“, entgegnete der Junge, „mit dem Kessel, der Ziege, dem Stock und dem Huhn?“ – „Du könntest“, antwortet das Mädchen, „mich die Ziege halten lassen, den Kupferkessel über das Huhn stülpen und den Stock in die Erde stecken; dann könntest du mich umarmen und küssen.“ Lange schaut der Junge das Mädchen an und sagt dann: „Gott segne deine Weisheit.“ Und gemeinsam gingen sie durch die dunkle Schlucht.

NACH EINEM ARABISCHEN MÄRCHEN

1. Betrachte das Herz: Was sagt es über die Liebe zwischen zwei Menschen aus? Begründe, warum das Herz ein beliebtes Symbol für Freundschaft und Liebe ist.
2. Lest das Märchen. Tauscht euch aus: Warum gelingt „Partnerschaft“ in dieser Geschichte? Wo lagen die Schwierigkeiten? Warum geht die Geschichte gut aus? Erarbeitet miteinander fünf Regeln, die auf dem Weg zur Partnerschaft wichtig sind.
3. „Gelungene Sexualität ist das Schönste der Welt. Missbrauchte Sexualität kann zum Grausamsten werden.“ Erläutere diese Sätze. Du kannst dich auch auf Beispiele in diesem Kapitel beziehen.
4. Gehe auf die Kapiteleingangsseite (S. 7) zurück und betrachte noch einmal das Bild. Deute das Symbol des Ginkgoblatts im Bild.

2

UNFASSBAR UND GEHEIMNISVOLL –
VON GOTT IN BILDERN SPRECHEN

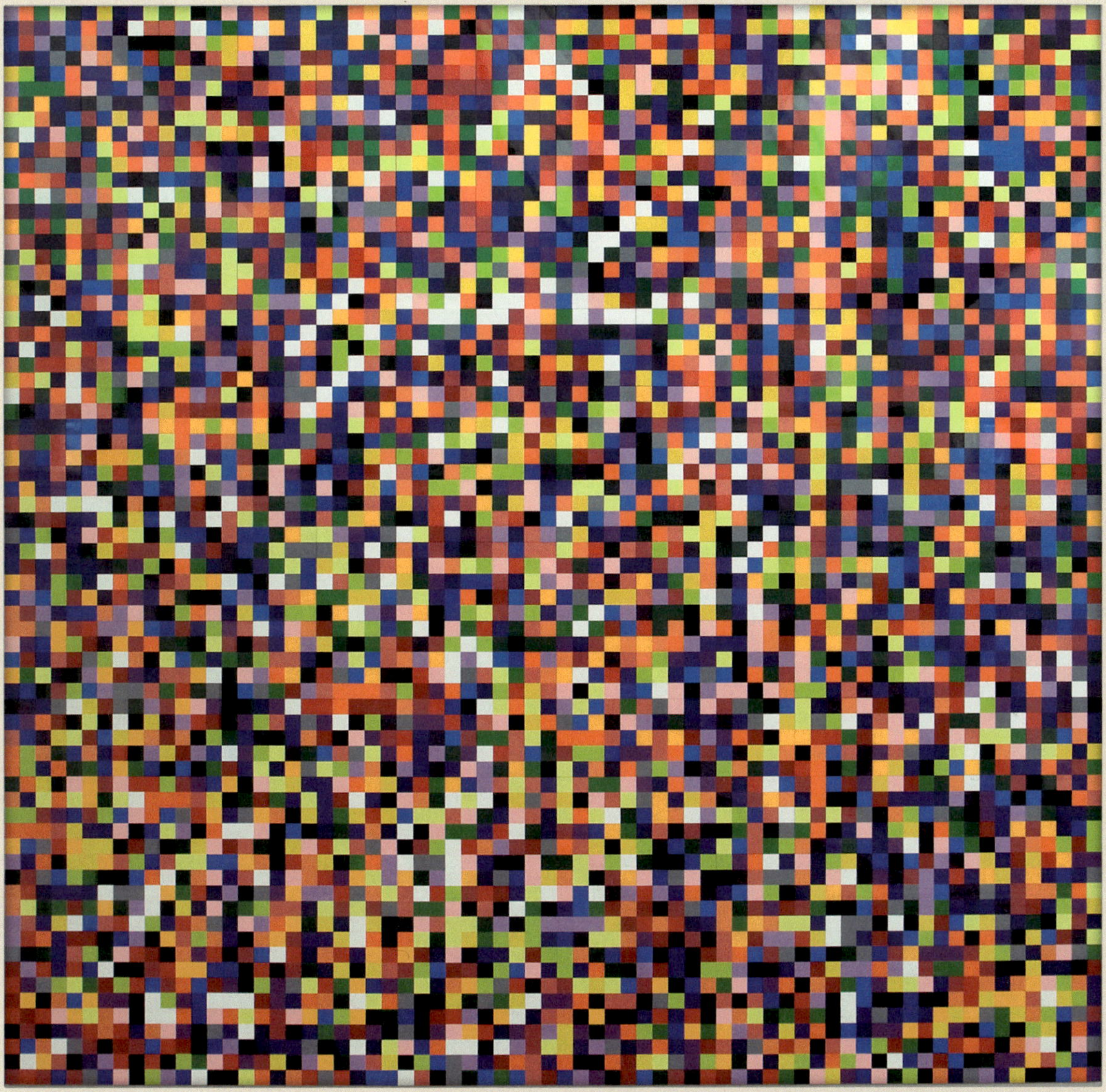

Wie siehst DU eigentlich aus?

Ein Telefonat mit Gott

Hallo, lieber Gott, hier ist Alexander!

Das weiß ich doch.

Ach ja, du bist ja in mir. Hab ich grad mal vergessen.

Macht nichts. Ist ja auch schwer zu verstehen.

Es ist überhaupt nicht so leicht mit dir.
Ich kann dich nie sehen und nicht hören.
Wie alt bist du eigentlich?

Ich war schon vor der Welt. Schon immer.

Das weiß ich auch. Aber mir ist das wie ein Wunder.

Da kann ich nichts zu sagen.

Komisch, du musst es doch wissen. Bist du nun ein Wunder?

Viel viel mehr!

Alexander, 10 Jahre

1. Lest das „Telefonat mit Gott", das der zehnjährige Alexander geschrieben hat. Geht das Gespräch Abschnitt für Abschnitt durch. Welche Vorstellungen von Gott drücken sich darin aus?
2. Schreibt zu zweit einen Dialog mit Gott. Wählt aus, wer von euch die Rolle von Gott übernimmt. Tragt eure „Gespräche mit Gott" in der Klasse vor. Erzählt: Wie erging es euch in der Rolle Gottes?
3. Erläutert, warum es ein Problem sein kann, sich Gott vorzustellen: Lest dazu die ersten drei Texte auf S. 31 und verwendet die Think-pair-share-Methode.
4. Betrachte das Bild. Stelle dar, was die Zeichnung über Gottesbilder aussagen kann.
5. „Sag mir, wer Jesus ist, und ich sage dir, wer Gott ist": Erkläre diesen Satz am Ende von S. 31.

Bilder der Menschen

Immer schon haben Menschen gespürt, dass es etwas Größeres gibt als sie selbst, etwas, das man nicht sehen kann und das doch da ist und das Leben bestimmt. Das ist der Ursprung der Religionen. Menschen haben dieses Größere Gott genannt. Sie beten zu ihm und richten nach ihm ihr Leben aus. Und sie haben das Bedürfnis, sich Gott vorzustellen und sich ein Bild von ihm zu machen. Sie wollen begreifen, wer dieser Gott ist.

Kann man Gott in Bildern fassen?

Bilder, die sich Menschen von Gott machen, können helfen Gott zu verstehen. Aber sie bringen auch Probleme mit sich. Was ist, wenn die Bilder von Gott nicht stimmen und Gott nicht entsprechen? Kann man Gott denn in einem Bild beschreiben und „fassen“? Ist Gott nicht vielmehr „unbegreiflich“ und „unfassbar“? Gottesbilder können darum nur ein Notbehelf sein, im Wissen, dass Gott immer auch größer und anders ist, als wir ihn uns vorstellen.

Gottesbilder weisen auf Gott hin

Gottesbilder können auf Gott hinweisen. Sie sind wie ein Zeigefinger, mit dem die Menschen auf den Mond deuten. Aber man darf den Zeigefinger nicht mit dem Mond selbst verwechseln. Wie ein Finger können Gottesbilder etwas Wahres zeigen. Aber sie bleiben Bilder, die sich Menschen gemacht haben. Und deshalb können sie auch falsch sein. Falsche Gottesbilder werden Gott nicht gerecht: Es sind Zerrbilder, die auch missbraucht werden können. Deshalb kann und muss man über Gottesbilder sprechen und kann sie immer auch kritisieren.

Jesus Christus als Bild Gottes

Christen glauben, dass Gott in Jesus Christus Mensch geworden ist. Er hat in seinen Worten und Taten gezeigt, wie Gott ist. Christen sind deshalb überzeugt, dass sich all unsere Bilder und Vorstellungen von Gott an Jesus Christus messen lassen müssen: an seiner Barmherzigkeit, seiner bedingungslosen Liebe, seiner Vergebungsbereitschaft und seiner Gewaltlosigkeit. Man könnte das auch so ausdrücken: „Sag mir, wer Jesus ist, und ich sage dir, wer Gott ist.“

Vorstellungen von Gott verändern sich

Papa, Gott hat unendlich viele Hände. Das stimmt echt. Die sind zwar unsichtbar, aber er langt damit allen Menschen an die Brust (Michael berührt mit seiner rechten Hand die linke Schulter) und beschützt sie.

MICHAEL, 5 JAHRE,
im Bett, nachdem er vorher zufällig Bilder vom Krieg in den Nachrichten gesehen hatte.

Gott steht auf einer Wolke. Seine Füße sieht man nicht. Gott ist fröhlich. Gott hat starke Arme, weil er sie braucht.

STEFANIE, 7 JAHRE

Dann machte ich mir immer weniger Gedanken über den lieben Gott. Ich betete nur noch selten, meine Abendgebete beschränkten sich auf wenige Momente, in denen ich seine Hilfe brauchte. Plötzlich war Gott für mich kein alter Mann mehr, sondern etwas Unsichtbares, das man sich schwer vorstellen konnte. O.K., manchmal glaubte ich schon an seine Nähe. Ich denke gerade an den warmen Sommerabend am See, der Nachthimmel voller Sterne, da fühlte ich mich wohl und geborgen, sodass es mir leichtfiel, mir vorzustellen, dass es einen Gott gibt, der hinter dem allen steht. Aber dann gab es wieder viele Momente, in denen ich an Gott zweifelte. Wie konnte er nur zulassen, dass mein Freund Lukas tödlich verunglückte! Zu dieser Zeit fühlte ich einfach nur Wut und Ohnmacht in mir. Das Bild des lieben Gottes hatte immer mehr Risse bekommen.

LENA, 15 JAHRE

Gott ist die nicht erfassbare physikalische Größe. Er ist das Absolute, (…) das größer ist als wir selbst und gleichzeitig unsere gesamte Existenz durchdringt. Und eines ist ganz sicher: Ich habe mit meiner Antwort nicht recht.

LUISE KINSEHER, Kabarettistin, *1969

Wie einen alten Mann, der einen langen Bart trägt, so stell ich mir Gott vor.

DANIEL, 10 JAHRE

1. Untersucht, welche Gottesvorstellungen in den Aussagen zum Ausdruck kommen.
2. Lena beschreibt, wie sich ihr Gottesbild verändert hat. Nennt Gründe für diese Entwicklung.
3. Betrachtet das Foto und tauscht euch darüber aus, was es über die Entwicklung von Gottesvorstellungen aussagt.
4. Schau zurück auf die Entwicklung deiner eigenen Gottesvorstellungen. Gab es Veränderungen? Was war der Anlass? Gestalte deinen „Glaubensweg" auf einem Plakat mit Linien. Verfasse einen Erläuterungstext dazu.

Entwicklung der Gottesvorstellungen

Gottesvorstellungen wandeln und entwickeln sich mit dem Lebensalter: Denken, Erfahrungen und Vorstellungskraft ändern sich im Laufe der Zeit. Das ist nie zu Ende. Die Entwicklung verläuft nicht bei allen Menschen gleich. Manche legen sich auch auf ein Gottesbild fest und bleiben an diesem Punkt stehen.

In der Kindheit: Kinder machen sich schon früh Bilder von Gott. Sie stellen sich in ihrer Weise vor, was sie zum Beispiel von ihren Eltern oder anderen Menschen in ihrer Umgebung über Gott hören und erfahren. Nicht nur was die Menschen sagen, sondern auch wie sie es sagen, ist bedeutsam. Diese Erfahrungen bilden die Grundlage der Vorstellung von Gott in der Kindheit. Gefühle von Geborgenheit und Vertrauen, aber auch von Angst und Verlassenheit spielen dabei eine wichtige Rolle.

In der Pubertät: Zunehmend werden Gleichaltrige wichtig. Jugendliche blicken mit ihrem jetzigen Denken und ihrer Vorstellungskraft neu auf ihren „Kinderglauben“. Vieles bekommt „Risse“ und wird hinterfragt: Kann es Gott überhaupt geben und wenn ja, wie muss man sich ihn vorstellen? Passt er zum heutigen Denken und in die heutige Welt? Bei der Weiterentwicklung ihres Gottesbildes sind Freunde und glaubwürdige Erwachsene von großer Bedeutung.

Erwachsenenalter: Mit einem selbstverantworteten Leben kommt es auch zu einem eigenständigen Gottesbild. Es wird geprägt von Erlebnissen, die hinter einem liegen, und von Aufgaben, die bevorstehen: Das konkrete Leben hat Einfluss darauf, wie sich ein Mensch Gott vorstellt. Dabei kann sich zunehmend die Erkenntnis bilden, dass kein Bild Gott je fassen kann und er größer ist als alle Vorstellungen.

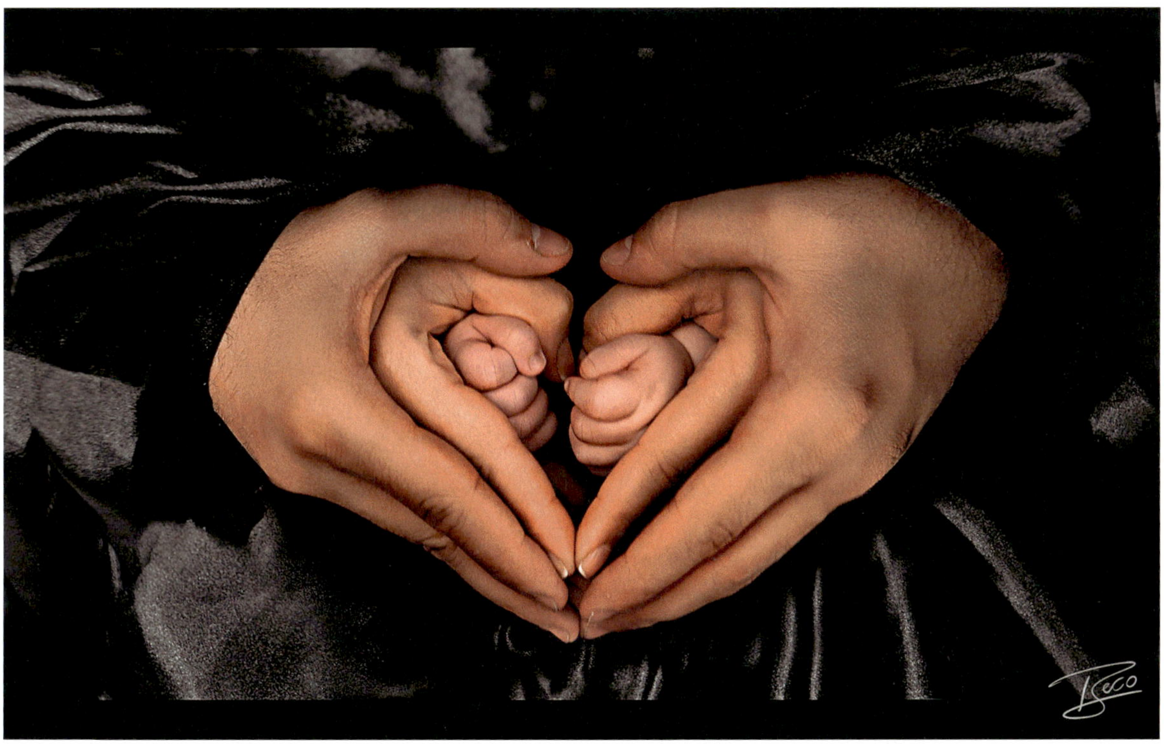

Christliche Gottesbilder in der Geschichte

Nicht nur die Vorstellungen von Gott verändern sich je nach Lebensalter, sondern auch die Bilder, auf denen Künstlerinnen und Künstler Gott darstellen, haben sich im Laufe der Jahrhunderte verändert. Dabei zeigen diese Bilder immer bestimmte Aspekte, die in einer anderen Zeit nicht mehr die gleiche Rolle spielen. Die Bilder zeigen vielmehr, wie sich Menschen zu einer bestimmten Zeit Gott vorstellen und was ihnen wichtig ist.

Meister Bertram von Minden, 1379/83

Meister von Taüll, um 1130

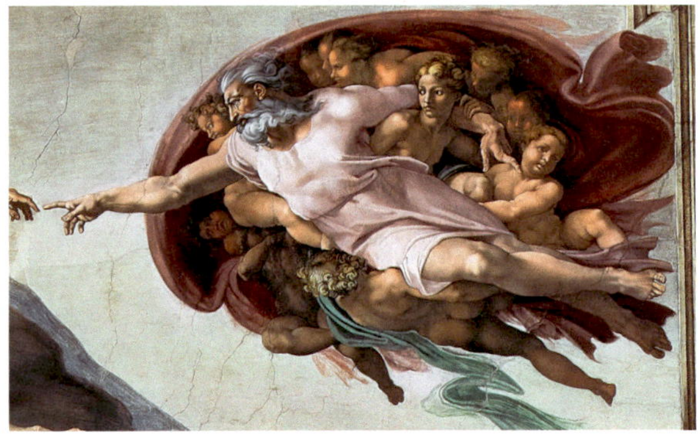

Michelangelo Buonarroti, 1511/12

Caitlin Connolly, 2019

1. Beschreibt die Gottesbilder aus unterschiedlichen Jahrhunderten. In allen geht es um Gott als „Schöpfer der Welt“. Wie wird Gott hier jeweils dargestellt? Achtet auch auf die Gesten.
2. Auch das Bild auf der Kapiteleingangsseite (S. 29) könnte ein Bild von Gott zeigen. Es entstand im Jahr 2007. Vergleicht es mit den Darstellungen auf dieser Seite. Was drückt dieses Bild für euch über Gott aus?
3. Bilder von Gott malen einerseits und Bilderverbot andererseits: Erläutere, inwiefern dies für Christen kein Gegensatz sein muss.
4. Ziehe um ein leeres DIN-A4-Blatt einen Rahmen. Gestalte darauf ein eigenes Gottesbild oder ein Gottesbild, das deiner Ansicht nach zur heutigen Zeit passt. Präsentiere es in der Klasse und sprecht gemeinsam über die Ergebnisse.

Darf man Gott überhaupt darstellen?

„Du sollst dir kein Gottesbild machen", so lautet das erste Gebot, das für Judentum und Christentum gleichermaßen gilt (vgl. Ex 20,4): Gott, der unfassbar ist und alle menschlichen Vorstellungen übersteigt, kann und darf nicht in Bildern dargestellt werden. Auch im Islam gibt es ein solches Bilderverbot. Warum aber findet man im Christentum trotzdem Bilder von Gott? Das ist eine lange Entwicklung, und es gab auch unter Christen zunächst heftigen Streit darüber, ob man Gott darstellen kann und darf.

Jesus zeigt Gott

Frühe christliche Gottesbilder, die man in Kirchen findet, stellen Gott nicht direkt dar. Sie beziehen sich beispielsweise auf die Redewendung von der Hand Gottes, die in der Bibel oft gebraucht wird: Sie drückt das Vertrauen aus, dass Gott machtvoll handelt, dass er die Menschen schützt und hält. Die aus den Wolken ragende Hand ist das älteste Bild für Gott, das in der christlichen Kunst vorkommt.

Demgegenüber wurde Jesus Christus, von dem die Evangelien in vielfältiger Weise erzählen, sehr bald in Bildern dargestellt. Für Christen ist er das „Bild des unsichtbaren Gottes" auf Erden (Kol 1,15 f.). In ihm ist Gott Mensch geworden. Und so wurde Gott – anders als im Judentum oder im Islam – auch als Mensch darstellbar. Darum zeigen z. B. mittelalterliche Bilder von der Erschaffung der Welt einen jugendlichen Gott, der die Züge von Jesus Christus trägt.

Gott als Mann und Vater

In Unterscheidung zu Jesus, dem Gottessohn, wurde später Gott als „Vater" dargestellt. Schon Jesus sprach ihn im Vaterunser als „Vater" an und im Gleichnis vom „verlorenen Sohn" erzählt er von Gott als einem liebenden Vater, der seinem Sohn entgegengeht und ihn ohne Wenn und Aber wieder bei sich aufnimmt. Mit der Zeit fand nun Gott-Vater als alter Mann mit grauem Bart Eingang in die Bilder und hat die Vorstellung der Menschen über Jahrhunderte geprägt.

Welches Bild von Gott werden sich morgen Menschen machen?

Gott als Frau und Mutter

Obwohl die männlichen Gottesbilder in der Geschichte vorherrschen, können wir mit gleichem Recht von Gott als Frau und als Mutter sprechen und sie so auf Bildern darstellen. In der Bibel wird auch die mütterliche Seite Gottes erwähnt: Gott behütet und beschützt sein Volk, wie eine fürsorgliche Mutter. Er ist für die Menschen da, „wie die, die den Säugling an ihre Wangen heben", und neigt sich ihnen zu, um ihnen zu essen zu geben (Hos 11,4).

Bilder und Bilderverbot

Zu diesen unterschiedlichen Gottesbildern können wir noch viele weitere hinzufügen. Sie ergänzen einander. Es gibt kein Bild, in dem man Gott ganz fassen kann. Es ist deshalb „verboten", Gott auf *ein* Bild festzulegen. Das Bild Gottes ist wie ein leeres Blatt Papier, auf dem die Gläubigen aller Generationen „ihr Bild" mit ihren Erfahrungen gestalten können. Und zugleich muss ihnen dabei bewusst sein, dass der lebendige Gott alle Bilder übersteigt.

Wie Menschen von Gott sprechen können

Gott ist „jenseits" unserer Vorstellungen

Wer ist Gott? Über diese Frage haben schon viele Menschen nachgedacht. Dabei ist ihnen klar geworden: Wir verwenden Wörter aus unserer Welt und unserem Alltag, um etwas über Gott auszusagen. Wir können nur in „menschlicher" Sprache von ihm reden. Weil Gott aber kein „Ding" aus unserer Welt ist, bedeutet das: Wir Menschen können nur dann angemessen von Gott sprechen und etwas über ihn ausdrücken, wenn wir gleichzeitig wissen, dass er größer ist als alle Worte, die ihn beschreiben.

Gott zeigt sich …

Obwohl Gott jenseits unserer Vorstellungen ist, haben Menschen immer wieder erfahren, dass Gott sich ihnen zeigt. Davon erzählt die Bibel. Eine der eindrücklichsten Erzählungen ist, wie Gott sich dem Mose am brennenden Dornbusch „offenbart" und ihm seinen Namen nennt: „Ich bin, der ich bin" (Ex 3,14). Diesen Namen sollte Mose den Israeliten weitersagen, verbunden mit der Zusage: Gott ist für euch da und wird euch aus der Sklaverei unter dem Pharao befreien.

… in Jesus Christus

Christen glauben, dass es Gott selbst ist, der den Menschen in Jesus Christus begegnet: In ihm ist Gott Mensch geworden. Gott macht sich ganz klein und zu einem Teil dieser Welt, damit die Menschen erfahren, wer er ist. Auf diese Weise können wir Menschen das Unbegreifliche mit unserem begrenzten Verstand wahrnehmen und deshalb auch darüber sprechen – auch wenn Gott immer größer und anders ist und er im Letzten immer ein Geheimnis bleiben wird. Aber wir Menschen können im Gebet *mit* ihm sprechen und wir können auch *über* ihn sprechen und nachdenken.

Sprachbilder im Gebet

Wenn Menschen beten, dann verwenden sie oft Sprachbilder, um Gott anzusprechen. Die Psalmen der Bibel sind voll von solchen Sprachbildern: Gott ist *wie* ein „Hirte", der seine Herde weidet (Ps 23), oder *wie* die „Quelle des Lebens" (Ps 36) oder *wie* die „Sonne", die die Erde erleuchtet, und ein „Schild", der Schutz gibt (Ps 84).

Wie Bilder, so können auch Worte nur auf Gott hinweisen; vieles von seiner Wirklichkeit können sie nicht aussagen. Anders ausgedrückt: Von Gott kann man nicht direkt sprechen, man kann sich ihm nur annähern.

Wenn Gott vereinnahmt wird

Gott ist kein Gegenstand wie zum Beispiel ein Schraubenzieher, den man gebrauchen und über den man verfügen kann. Gleichwohl „verwenden" und „benutzen" Menschen das Wort Gott immer wieder für ihre eigenen Interessen: Sie berufen sich auf Gott, um ihre Macht durchzusetzen, um sich einen Vorteil zu verschaffen, um etwas zu verkaufen. Bis heute werden in Gottes Namen Gewalttaten verübt. Im zweiten Gebot heißt es: „Du sollst den Namen des Herrn, deines Gottes, nicht missbrauchen" (Ex 20,7). Gott ist unverfügbar und der Mensch soll von ihm in Achtung und Ehrfurcht sprechen.

LEO LIONNI

Fisch ist Fisch

Mit einem fröhlichen Plumpsen, das die Wasserpflanzen ganz durcheinanderbrachte, hüpfte eines Tages der Frosch in den Teich.

„Wo bist du gewesen?", fragte der Fisch aufgeregt.

„Ich bin an Land gewesen", sagte der Frosch. „Ich bin überall herumgehüpft, und ich habe ganz seltsame Sachen gesehen."

„Was denn?", fragte der Fisch.

„Vögel", sagte der Frosch geheimnisvoll. „Vögel!" Und er erzählte dem Fisch von den Vögeln. „Sie haben Flügel und zwei Beine und viele, viele Farben."

Während der Frosch redete, stellte sein Freund sich die Vögel vor: Er sah sie durch seinen Kopf fliegen wie große gefiederte Fische.

„Was noch?", fragte der Fisch ungeduldig.

„Kühe", sagte der Frosch. „Kühe! Sie haben vier Beine, Hörner, fressen Gras und tragen rosa Säcke voll Milch."

„Und Menschen!", sagte der Frosch. „Männer, Frauen, Kinder!" Und er erzählte und erzählte, bis es im Teich dunkel war. Aber der Fisch konnte nicht schlafen. Sein Kopf war voll von Lichtern, Farben und aufregenden Bildern.

1 Beschreibt, wie der Fisch in Leo Lionnis Geschichte sich die Lebewesen auf dem Land vorstellt. Lasst den Frosch noch mehr erzählen und malt Bilder dazu. Übertragt die Geschichte auf uns Menschen: Was heißt das, wenn Menschen sich Gott vorstellen?

2 Lies in der Bibel die ganze Geschichte Ex 3,1–15. Wie erfährt Mose hier Gott?

3 Tragt weitere Sprachbilder für Gott zusammen. Gestaltet damit eine Aufzählung von Anreden Gottes wie in einer ▸ Litanei. Beginnt z. B.: „Du Sonne der Menschen ..." usw.

4 Sucht Beispiele aus der Werbung: Wie wird dort Gott dargestellt? Diskutiert: Wird Gott hier missbraucht? Nennt Beispiele aus Geschichte und Gegenwart, in denen Menschen den Namen Gottes missbraucht haben.

5 Erläutert: Warum ist es so schwierig, über Gott zu sprechen?

Gott zeigt sich in ganz unterschiedlicher Weise

Die Bibel erzählt immer wieder von Begegnungen, in denen sich Gott den Menschen offenbart; so in den Erzählungen von Elija und Jakob.

Elija: Am Gottesberg

Der Prophet Elija war ein entschlossener Kämpfer für den Glauben an Gott. Der König und die Königin trachteten ihm nach dem Leben und er floh in die Wüste. Erschöpft und niedergeschlagen – so erzählt es die Bibel – wollte er sterben. Daraufhin kündigt Gott ihm am Gottesberg Horeb eine Begegnung an (vgl. 1 Kön 19,1–10).

> Ein starker, heftiger Sturm, der die Berge zerriss und die Felsen zerbrach, ging dem HERRN voraus. Doch der HERR war nicht im Sturm. Nach dem Sturm kam ein Erdbeben. Doch der HERR war nicht im Erdbeben. Nach dem Beben kam ein Feuer. Doch der HERR war nicht im Feuer. Nach dem Feuer kam ein sanftes, leises Säuseln. Als Elija es hörte, hüllte er sein Gesicht in den Mantel, trat hinaus und stellte sich an den Eingang der Höhle.
>
> *1 Kön 19,11–13*

Jakob: Ein Traum und ein Kampf

Auch Jakob, der Sohn Isaaks, war auf der Flucht. Er hatte seinen Bruder Esau betrogen und fürchtete sich vor ihm. In der Nacht hatte er einen Traum. Er sah eine Leiter, die bis zum Himmel reichte. Darauf stiegen Engel Gottes auf und nieder. Und Gott stand vor ihm und sagte: „Siehe, ich bin mit dir, ich behüte dich, wohin du auch gehst, und bringe dich zurück in dieses Land" (vgl. Gen 28,10–19).

Nach Jahren wollte sich Jakob mit seinem Bruder aussöhnen und machte sich auf den Weg zurück nach Hause. Er wusste nicht, ob sein Bruder ihm verzeihen würde. Oder würde Esau sich rächen und ihn töten? Die Bibel erzählt: In der Nacht, bevor er Esau trifft, hat Jakob eine geheimnisvolle Begegnung am Fluss Jabbok.

> In derselben Nacht stand er auf, nahm seine beiden Frauen, seine beiden Mägde sowie seine elf Kinder und durchschritt die Furt des Jabbok. Er nahm sie und ließ sie den Fluss überqueren. Dann schaffte er alles hinüber, was ihm sonst noch gehörte. Als er allein zurückgeblieben war, rang mit ihm ein Mann, bis die Morgenröte aufstieg. Als der Mann sah, dass er ihn nicht besiegen konnte, berührte er sein Hüftgelenk. Jakobs Hüftgelenk renkte sich aus, als er mit ihm rang. Er sagte: Lass mich los; denn die Morgenröte ist aufgestiegen. Er entgegnete: Ich lasse dich nicht los, wenn du mich nicht segnest. Er fragte ihn: Wie ist dein Name? Jakob, antwortete er. Er sagte: Nicht mehr Jakob wird man dich nennen, sondern Israel – Gottesstreiter –; denn mit Gott und Menschen hast du gestritten und gesiegt. Nun fragte Jakob: Nenne mir doch deinen Namen! Er entgegnete: Was fragst du mich nach meinem Namen? Dann segnete er ihn dort. Jakob gab dem Ort den Namen Peniël – Gottes Angesicht – und sagte: Ich habe Gott von Angesicht zu Angesicht gesehen und bin doch mit dem Leben davongekommen.
>
> *Gen 32,23–31*

Wayne Forte, 2019

1. Lest die Geschichte von Elija. Arbeitet heraus, was das Überraschende an dieser Gottesbegegnung ist. Sucht Adjektive für die verschiedenen Erscheinungen.

2. Beschreibe das Bild von Jakobs Traum. Achte auf die Farben und Symbole und deute sie.

3. Lest die Geschichte von Jakobs Kampf laut vor. Woran wird deutlich, dass es sich um eine Begegnung mit Gott handelt?
   - Kreativ schreiben[M]: Gestalte den neuen Namen, den Jakob in diesem Kampf erhält, und die deutsche Übersetzung als Wortbild. Erläutere, was dieser Name über Jakob und seine Beziehung zu Gott aussagt.
   - Mit Gott „streiten und ringen“: Stell dir Situationen vor, in denen Menschen zu Gott beten und dabei mit ihm ringen. Schreibe auf, wie ein solches Gebet lauten könnte.

4. Gestaltet grafisch auf einem Plakat, wie unterschiedlich sich Gott in diesen Geschichten zeigt.

Maria begegnet dem unfassbaren Gott

Arcabas, 1988

An Weihnachten zeigt sich der Kern des christlichen Glaubens: Gott wird in Jesus Christus Mensch, sichtbar, hörbar, berührbar. In ihm ist Gott „Fleisch geworden und hat unter uns gewohnt“ (Joh 1,14).

Die Bibel erzählt deshalb in bilderreicher Weise über seine Geburt. Viele Worte, die wir heute oft nicht mehr verstehen oder die uns fremd vorkommen, sind Bilder der Begegnung mit dem unfassbaren Gott. Im ersten Kapitel des Lukasevangeliums wird seine Geburt so erzählt, dass ein Engel Maria die Botschaft bringt. Der Engel sagt zu ihr: „Fürchte dich nicht (...), du wirst schwanger werden und einen Sohn wirst du gebären; dem sollst du den Namen Jesus geben. Er wird groß sein und Sohn des Höchsten genannt werden.“ Dann heißt es weiter:

Maria sagte zu dem Engel: Wie soll das geschehen, da ich keinen Mann erkenne? Der Engel antwortete ihr: Der Heilige Geist wird über dich kommen und Kraft des Höchsten wird dich überschatten. Deshalb wird auch das Kind heilig und Sohn Gottes genannt werden. Siehe, auch Elisabet, deine Verwandte, hat noch in ihrem Alter einen Sohn empfangen; obwohl sie als unfruchtbar gilt, ist sie schon im sechsten Monat. Denn für Gott ist nichts unmöglich. Da sagte Maria: Siehe, ich bin die Magd des Herrn; mir geschehe, wie du es gesagt hast. Danach verließ sie der Engel.

Lk 1,34–38

T/M: FRANZ KETT

Gott ist ganz leise

2. Gott ist das Licht. Soll es dir leuchten,
schaue in dich, wie Maria es tat.
Vielleicht siehst du dann die Botschaft des Engels:
Du bist voll Gnade, der Herr ist mit dir.

3. Gott ist die Liebe. Willst du sie spüren,
öffne dein Herz, wie Maria es tat.
Vielleicht spürst du dann die Botschaft des Engels:
Du bist voll Gnade, der Herr ist mit dir.

1. Betrachte und beschreibe das Bild. Wie stellt der Künstler die Begegnung dar? Achte auf die Farben, auf die Gesichter, Augen und Hände.

2. Lest Lk 1,34–38 auf S. 40 zuerst leise und anschließend laut. Arbeitet heraus: Wie wird in der Geschichte erzählt, dass Gott unfassbar ist?

3. Bildet Paare und entwerft zu zweit ein szenisches Spiel. Überlegt euch dazu einen Dialog zwischen dem Engel und Maria.

4. „Gott ist ganz leise“: Notiert in Stichworten, wie im Lied die Gottesbegegnung beschrieben wird. Sammelt auch Ideen für eigene Liedstrophen.

Das Bild des dreieinen Gottes

Nicoletto Semitecolo, 1367

Warum sprechen Christen vom dreieinen Gott?

Die Jüngerinnen und Jünger Jesu haben erfahren: In ihm ist die Liebe Gottes spürbar. Er zeigt, wie Gott ist. Sie sagen: In Jesus Christus ist Gott Mensch geworden und hat als Mensch unter den Menschen gelebt. Und sie haben nach der Auferstehung Jesu erfahren, dass er mit seinem Geist bei ihnen ist (vgl. Joh 14,15–17).

Christen beten deshalb zu Gott, der die Welt erschaffen hat; sie nennen ihn Gott-Vater. Sie beten zu Jesus Christus, der auf Erden gelebt, gewirkt und seine Botschaft verkündet hat; sie nennen ihn Gottes Sohn. Und sie beten zu Gott, dessen Kraft in den Menschen wirksam ist; sie nennen ihn Gottes Geist (vgl. Glaubensbekenntnis, Gotteslob 3.4).

Aus dem Nachdenken über Gott als Vater, Sohn und Heiliger Geist ist das Bild vom „dreieinen“ Gott entstanden: Es sind nicht drei Götter, sondern unterschiedliche „Gestalten“ des einen Gottes, in denen Gott den Menschen nahe kommt und der sich so in drei Personen ausfaltet. Deshalb wird er auch „dreifaltiger“ Gott genannt. Dieses Bild vom dreifaltigen Gott – man spricht auch von ▸ Trinität – ist typisch für den christlichen Glauben und unterscheidet ihn vom Judentum und vom Islam.

Das Kreuzzeichen

Die unbegreifliche Nähe Gottes bekennen wir, wenn wir vor dem Gebet das Kreuzzeichen schlagen:

- *Im Namen des Vaters* (Berühren der Stirn),
- *des Sohnes* (der Körpermitte, des Herzens)
- *und des Heiligen Geistes* (an der linken und rechten Schulter),
- *Amen.*

Die Bewegungen des Kreuzzeichens von oben nach unten und von links nach rechts über der Körpermitte machen deutlich: Gott und Mensch, Himmel und Erde gehören zusammen. Gottes innerstes Geheimnis ist die Liebe.

Darstellungen des dreieinen Gottes

Durch die Jahrhunderte wurde der dreieine Gott immer wieder bildlich dargestellt. Oft waren es Bilder mit Personen: Ein alter Mann mit grauem Haar als Vater, ein junger Mann als Sohn und die Taube als Geist. Auf vielen Bildern hält Gott mit beiden Händen den Gekreuzigten und zeigt ihn den Menschen, während der Geist als Taube zwischen ihnen schwebt. Vor allem auf früheren Bildern und auch in der heutigen Kunst werden Symbole verwendet. Dabei spielt die Zahl Drei als heilige Zahl eine besondere Rolle:

Gleichseitiges Dreieck: Die drei gleichen Seiten des Dreiecks um eine Mitte symbolisieren die Unendlichkeit sowie die Dreifaltigkeit Gottes. Oft wurde in das Dreieck noch zusätzlich das ▸ Auge Gottes im Strahlenkranz eingefügt.

Kreise: Neben dem Dreieck ist auch der Kreis ein wichtiges Gottessymbol. Er hat keinen Anfang und kein Ende und ruht in sich. Ein Symbol der Dreieinheit sind zum Beispiel drei Kreise, die sich gegenseitig durchdringen.

Dreiblättriges Kleeblatt: Das dreiblättrige Kleeblatt ist ein sehr altes Symbol für Gott. Mit einem Kleeblatt soll schon der heilige Patrick von Irland am Anfang des 5. Jahrhunderts seinen Landsleuten die Dreifaltigkeit erklärt haben: Die drei Blätter laufen am Stiel zusammen und sind ein Blatt mit drei Ausfaltungen.

Philipp Schönborn, 1999

1. Eine muslimische Freundin fragt dich: „Ich habe gehört, im Christentum werden drei Götter verehrt; stimmt das?“ Was kannst du antworten?

2. Betrachtet und beschreibt das Bild von 1367 genau. Wie wird dort die Einheit von Vater, Sohn und Geist dargestellt? Beschreibt nun das Bild von 1999. Mit welchen Mitteln gestaltet der Künstler die Dreifaltigkeit? Was ist beiden Bildern gemeinsam? Worin unterscheiden sie sich?

3. Gott über mir – Gott mit mir – Gott in mir: So wird der Glaube an Gott als Vater, Sohn und Geist manchmal umschrieben.
   - Erstelle eine Mindmap: Schreibe in die Mitte „Gott“ und darum herum drei Äste mit „über mir“ – „mit mir“ – „in mir“, die du mit deinen Gedanken ergänzt.
   - Formuliere nun mithilfe der Mindmap eigene Glaubenssätze:
     An einen Gott als Vater zu glauben, bedeutet … – An einen Gott als Sohn Jesus Christus zu glauben, bedeutet … – An einen Gott als Heiligen Geist zu glauben, bedeutet …

4. Gestalte ein Bild zur Dreieinheit Gottes. Du kannst dich dabei an den Bildern und Symbolen der Dreifaltigkeit orientieren. Daraus lässt sich auch ein Videoprojekt[M] machen.

Loben, bitten, bekennen, fragen

Wie groß bist du!
Preise den HERRN, meine Seele!
HERR, mein Gott, überaus groß bist du!
Du bist mit Hoheit und Pracht bekleidet.
Du hüllst dich in Licht wie in einen Mantel,
du spannst den Himmel aus gleich einem Zelt.
Du lässt Quellen sprudeln in Bäche,
sie eilen zwischen den Bergen dahin.
Sie tränken alle Tiere des Feldes,
die Wildesel stillen ihren Durst.
Darüber wohnen die Vögel des Himmels,
aus den Zweigen erklingt ihr Gesang.
Du lässt Gras wachsen für das Vieh
und Pflanzen für den Ackerbau des Menschen.
Wie zahlreich sind deine Werke, HERR,
sie alle hast du mit Weisheit gemacht.
Ich will dem HERRN singen in meinem
Leben, meinem Gott singen und spielen,
solange ich da bin.

Ps 104,1–2.10–12.14.24a.33

Herr, erbarme dich
Meine ganze Ohnmacht,
was mich beugt und lähmt,
bringe ich vor dich.
Wandle sie in Stärke;
Herr, erbarme dich.

Eugen Eckert

Sende deinen Geist
Sende uns, Herr, deinen Geist,
denn nur er kann die Erde erneuern,
nur er kann die Selbstsucht aufbrechen,
nur er kann uns helfen,
eine menschlichere,
eine christliche Welt aufzubauen.

Helder Camara

PETER MAFFAY, JOHANNES OERDING, BENJAMIN DERNHOFF

Größer als wir

Nur weil ich dich nicht seh'
Heißt es nicht, dass du nicht da bist
Vielleicht bist du ein helles Licht
Oder die Ruhe in jeder Nacht
Bist du nur eine Idee
Oder die Lüge, die wahr ist?
Bist du das höchste Gericht
Oder der Funke, der mich entfacht?

Egal, wie man dich nennt
Egal, woran man dich erkennt
Egal, wer du auch bist
Wichtig ist nur, dass es dich für mich gibt
Egal, wie man dich nennt
Egal, woran man dich erkennt
Du bist größer als die Zeit
Größer als alles hier
Größer als wir

Nur weil ich dich nicht seh'
Heißt es nicht, dass du nicht da bist
Vielleicht bist du die Geburt
Oder das Ende, das auf uns wartet
Bist du der Schmerz, der wieder geht
Oder irgendeine Farbe?
Vielleicht bist du die Natur
Die jeden Tag für uns hier atmet.

Egal, wie man dich nennt (…)

Und ziehen auch mal dunkle Wolken auf
Verlier' ich nicht meinen Glauben
Du hilfst bestimmt gerade anderen
Reichst deine Hand und die Angst öffnet
Augen

Wer bist du?
Sag mir, wer bist du?
Ich weiß nicht, wer du bist
Doch wichtig ist nur,
Dass es dich für mich gibt

Egal, wie man dich nennt
Ganz egal, woran man dich erkennt
Du bist größer als die Zeit
Größer als alles hier
Größer als wir

Du bist größer als die Zeit
Größer als alles hier
Größer als wir

1. Betrachtet das Bild. Inwiefern könnte man ihm den Titel „Rendezvous mit Gott“ geben?
2. Lest die Gebete links laut in der Klasse. Tragt mit eigenen Worten zusammen, was die Betenden sprechen: Wie wird Gott angesprochen? Welche Bilder von Gott zeigen sich darin?
3. Der Liedtext „Größer als wir“ enthält Bekenntnisse und Fragen:
   - Schreibt drei Fragen heraus, die euch ansprechen. Was fällt euch auf? Tauscht euch darüber aus.
   - Notiert ein Bekenntnis, das Peter Maffay formuliert. Ist dieses Lied ein Gebet? Begründet.
   - Gestaltet den Liedtext als Rap.
4. Schreibe ein eigenes Gebet. Du kannst dabei auch einen Satz verwenden, der in den Texten auf dieser Doppelseite vorkommt.

„Gott ist für mich in allen Dingen“

Alexander Wagner aus München ist Schauspieler. Mit seinen Theaterprojekten geht er auch in Schulen – unter anderem mit dem Stück „HELDEN“. Er denkt viel nach. Religion und Glaube sind für ihn immer wieder ein Thema. Dazu kam er über Umwege. Er erzählt:

Meine Eltern waren Atheisten

Meine Eltern wollten nicht, dass ich mich mit Religion beschäftige. Sie waren richtige Atheisten, Kirche war schlecht angesagt. Aber irgendwie hat mich das doch alles interessiert. Schon immer habe ich mich gefragt: Gibt es nicht mehr im Leben? Also neben Essen und Arbeiten und in den Urlaub fahren?

Vielleicht hat es mit meiner Oma zu tun. Sie hat mich öfter in die Kirche mitgenommen und wahrscheinlich auch mit mir gebetet, so mit vier oder fünf Jahren. Und ganz früh habe ich in Kunstbüchern Bilder von der Passion Jesu angesehen. Da habe ich mir gedacht: Wer ist das wohl? Warum tun die ihm denn nur so weh? Das hat mich unglaublich beschäftigt.

Heimlich in den Religionsunterricht

Meine Eltern haben mich vom Religionsunterricht abgemeldet. Ich bin aber trotzdem hingegangen – heimlich. Um diese Geschichten zu hören von einem, der Wunder tut, und der ganz anders lebt, nirgendwo fest wohnt. Warum muss ausgerechnet dieser Mensch so leiden?

In der 6. Klasse hatte ich gute Kontakte zu einem Kaplan, der mit uns Ausflüge machte. Da habe ich interessante Menschen kennengelernt. Im Religionsunterricht wurde dann viel über Schöpfung und Naturwissenschaft gesprochen. Das waren spannende Diskussionen. Ich habe mich gefragt: Warum stellen sich Menschen solche Fragen, nach dem Woher und Wohin? Das Fragen ist mir geblieben. Und wenn ich in meinem Leben in Krisen gekommen bin, habe ich danach gesucht, mit wem ich reden kann. Mit Menschen? Oder mit einem „überzeitlichen Wesen“?

Zeit für einen Entschluss

Damals hatte ich eine ziemlich genaue Vorstellung von Gott. Das war ein Wesen „da oben“, von dem ich mir etwas wünsche, der auf mich aufpasst und hilft. Das hat sich inzwischen deutlich verändert. 2004 habe ich mich entschlossen, katholisch zu werden. In dem Jahr haben wir auch unsere Tochter taufen lassen. Sie war damals fünf Jahre alt und ich Ende dreißig. In dem Gottesdienst, in dem unsere Tochter getauft wurde, bin ich dann gleichzeitig gefirmt worden.

Mich hat das Geheimnisvolle im Leben interessiert. Das ist so eine Sehnsucht, die über all das hinausgeht, was uns im Alltag sonst so bestimmt. Immer wieder geschehen Dinge, die uns herausfordern und nicht so sind, wie wir das wollen. Was gibt dem allem Sinn?

Wo ich Gott finde

Meine Vorstellung von Gott ist inzwischen anders geworden. Viele Begegnungen mit Menschen haben dazu beigetragen. Aber auch all das, was ich bei genauerem Hinsehen um mich herum wahrnehme. Die Welt, all das, was uns also umgibt, hat einen so großen Wert und ist so schön. Es ist *Seine* Schöpfung, und in ihr kann ich ihn finden. Gott ist für mich in allen Dingen. Da ist er anwesend. Immer wieder geht mir das auf: dass mir in allem das Faszinierende begegnet.

Das ist ein bisschen wie Meditation: Ich gehe durch den Tag, durch die Welt, und lasse es auf mich wirken. Es ist so, dass ich bewusst leben will, in jedem Augenblick. Das war nicht immer so. Vielleicht war da ein Einschnitt, als meine Tochter geboren wurde. Ich habe einen Umbruch erlebt, ich spüre eine Kraft, die mich mitträgt. Und so frage ich mich, was alles noch in mir steckt.

Auf die Reise gehen

Das ist aber anscheinend schon immer ein Thema gewesen, auch bei Menschen, die vor Jahrzehnten und Jahrhunderten lebten. In vielen Erzählungen und Gedichten finde ich Spuren davon. Auf der Bühne spielen wir die alte griechische Sage von Jason, der in die Ferne geht und dort Abenteuer bestehen muss. In diese Sage haben wir persönliche Erfahrungen verwoben. Dabei geht es um die Frage: Was ist eigentlich ein Held? Was macht mich aus? Die Geschichte ist also einerseits eine Reise in die äußere Welt. Andererseits ist es auch eine Reise in die innere Welt. Ähnlich wie Jason in dem Theaterstück bin ich auf der Suche. Nach Erweiterungen in mir und in Beziehungen zu anderen Menschen.

Alexander Wagner im Theaterstück „HELDEN" über Jason auf der Suche nach dem Goldenen Vlies – oder auch nach dem Sinn im Leben?

1. Wie hat sich Alexander Wagners Glaube an Gott entwickelt? Nennt Erfahrungen, die für ihn wichtig waren.
2. Die Fotos von Alexander Wagner stammen aus dem Stück „HELDEN". Diskutiert, was einen Helden ausmacht.
3. Gott in allen Dingen suchen und finden: Wie kann diese Überzeugung das Leben verändern? Denke z. B. an die Natur oder auch an bestimmte Situationen mit Menschen.

Mit einem Wort gesagt

DU. Eine Rühmung

DU
weltweit
in vieler leute mund
so dass alle glauben
dich duzen
zu dürfen
ich auch
(...)
DU
von dem wir
nur wenig wissen
und doch ist
dies wenigwissen
geheiligt
da es wenigwissen
von dir
und deshalb
weitaus mehr ist
als wir
mit unserem glauben
und denken
zu fassen vermögen
(...)
DU
dessen rätsel trotz allem
zukunftsträchtiger bleiben
als alle lösungen der menschen
(...)

Kurt Marti

1. Lest das Gedicht zunächst leise und tragt es dann laut in der Klasse vor. Achtet auf den Rhythmus und die Betonung. Tauscht euch über die Eindrücke aus.
2. „DU": Deute, welche Vorstellung von Gott sich in dieser Anrede ausdrückt. Schreibe selbst ein Gedicht zu Gott, das mit dem Wort „Du" beginnt, z. B. ein Elfchen.
3. Wir wissen viel über Gott und wir wissen wenig. Erläutere diese Aussage. Beziehe dich dabei auf Seiten dieses Kapitels.
4. Wähle eines der Bilder oder einen der Texte dieses Kapitels aus, das nach deiner Ansicht am meisten von Gott zum Ausdruck bringt. Begründe deine Auswahl.
5. Ihr könnt im Rahmen eines kleinen Projekts einen Film anschauen, in dem Gott „vorkommt" (z. B. „Das brandneue Testament" oder den Kurzfilm „Spin oder wenn Gott ein DJ wäre"), und aus den Erkenntnissen dieses Kapitels diskutieren,
   - wie Gott „gezeigt" wird
   - und ob er überhaupt in einem Film dargestellt werden kann.

„ICH LEGE MEINE WORTE IN DEINEN MUND“ – PROPHETINNEN UND PROPHETEN

3

Stimmen für eine bessere Welt

„Ich habe einen Traum, dass meine vier kleinen Kinder eines Tages in einer Nation leben werden, in der man sie nicht nach ihrer Hautfarbe, sondern nach ihrem Charakter beurteilen wird. Ich habe einen Traum ..."

MARTIN LUTHER KING (1929–1968)

„Ich erhebe meine Stimme, (...) um denjenigen Gehör zu verschaffen, die keine Stimme haben. Die für ihre Rechte gekämpft haben: ihr Recht, in Frieden zu leben. Ihr Recht, mit Würde behandelt zu werden. Ihr Recht auf Chancengleichheit. Ihr Recht auf Bildung. (...) Ein Kind, eine Lehrkraft, ein Stift und ein Buch können die Welt verändern."

MALALA YOUSAFZAI (*1997)

Entschieden für Gerechtigkeit, Freiheit und Frieden

Immer wieder treten Menschen auf, die sich für ein gerechtes, friedliches und gutes Leben für alle einsetzen. Meist stellen sie sich dann irgendwann vor andere und sagen laut, was gesagt werden muss, wie zum Beispiel Martin Luther ▸ King oder Malala ▸ Yousafzai. Solche Menschen werden bewundert, aber auch angefeindet. Was macht sie besonders? Woher nehmen sie ihre Kraft?

Der Hoffnung eine Stimme geben

Zu biblischen Zeiten nannte man solche Menschen Propheten. Sie wiesen auf Missstände, Ausbeutung und Ungerechtigkeit hin. Was sie taten, war von der Überzeugung bestimmt: Ich habe einen Auftrag zu erfüllen. Hier geht es um grundsätzliche Fragen, zu denen ich nicht schweigen darf. Menschen wie sie, die für eine bessere Welt aufstanden, gab und gibt es immer wieder. Das Lied „We shall overcome“ erzählt davon. Für die von Martin Luther King in den USA angeführte Protestbewegung war dieses Lied im Kampf um ihre Bürgerrechte wichtig. Es stammt von einem ▸ Gospel, einem Lied, das Menschen Mut machen will und auf Botschaften der Bibel zurückgreift. Mit diesem Lied auf den Lippen haben Menschen auch gegen Kriege und Waffengewalt protestiert und sind so für eine gerechte und friedliche Welt eingetreten.

T/M NACH EINEM SPIRITUAL: ZILPHIA HORTON, FRANK HAMILTON, GUY CARAWAN, PETE SEEGER

We shall overcome

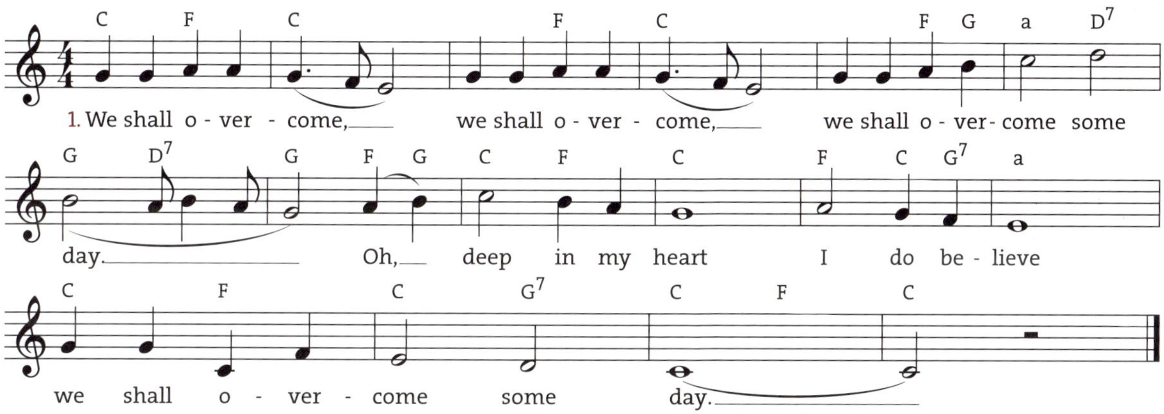

2. We are not afraid, we are not afraid,
we are not afraid today.
Oh, deep in my heart, I do believe,
we shall overcome some day.

3. Truth will make us free, truth will make us free,
truth will make us free some day.
Oh, deep in my heart, I do believe,
we shall overcome some day.

1. Wählt in Partnerarbeit eines der beiden Porträts. Lasst es auf euch wirken und lest die Zitate darunter.
   - Nennt weitere engagierte Menschen, die euch einfallen. Sammelt in einer Mindmap: Welche Eigenschaften zeichnen diese Menschen aus?
   - Informiert euch genauer über die von euch gewählte Person und erstellt einen Steckbrief. Beschreibt, wofür sie eintritt und was ihre Charaktermerkmale sind.

2. Übersetzt den Liedtext. Nennt ermutigende Aussagen aus dem Lied, die euch an die Bibel erinnern.

3. Sucht in Kleingruppen ein konkretes Beispiel, wo es heute an Gerechtigkeit, Freiheit oder Frieden fehlt. Stellt die Beispiele in der Klasse vor. Wählt als Leitgedanken die Überschrift „Hier ist eine prophetische Stimme nötig“.

Von Gott berufen – sein Wort verkünden

Rita Frind, 1995

Die Bibel erzählt an vielen Stellen von Prophetinnen und Propheten. Sie wurden von Gott berufen, um sein Wort und seinen Willen zu verkünden. Gott hat sie angesprochen. Sie haben es gehört, weil sie dafür aufgeschlossen waren. Oft fürchteten sie sich zunächst, den Auftrag Gottes anzunehmen und sich diesem Anspruch zu stellen. Sie wussten: Dieser Auftrag ist schwer. Denn sie sollen sagen, was falsch läuft und wo Unrecht getan wird. Sie werden Dinge sagen müssen, die die Menschen nicht hören wollen.

Jeremia: „Das Wort des Herrn erging an mich“

Die Bibel hat die Erzählung über die Berufung des Jeremia zum Propheten überliefert. Der Text ist kein Augenzeugenbericht. Er erzählt davon, was in einem Menschen vor sich geht, den Gottes Anspruch trifft.

> Das Wort des HERRN erging an mich:
> *Noch ehe ich dich im Mutterleib formte, habe ich dich ausersehen, noch ehe du aus dem Mutterschoß hervorkamst, habe ich dich geheiligt, zum Propheten für die Völker habe ich dich bestimmt.*
>
> Da sagte ich: Ach, HERR und GOTT, ich kann doch nicht reden, ich bin ja noch so jung. Aber der HERR erwiderte mir:
> *Sag nicht: Ich bin noch so jung. Wohin ich dich auch sende, dahin sollst du gehen, und was ich dir auftrage, das sollst du verkünden. Fürchte dich nicht vor ihnen; denn ich bin mit dir, um dich zu retten – Spruch des HERRN.*
>
> Dann streckte der HERR seine Hand aus, berührte meinen Mund und sagte zu mir:
> *Hiermit lege ich meine Worte in deinen Mund. Sieh her! Am heutigen Tag setze ich dich über Völker und Reiche; du sollst ausreißen und niederreißen, vernichten und zerstören, aufbauen und einpflanzen.*
>
> *Jer 1,4–10*

1. Beschreibe das Bild über die Berufung eines Propheten durch Gott. Achte auf die Aufteilung des Bildes, die Farben, das Gesicht und die Gesten. Wie drückt das Bild aus, was „Berufung“ bedeutet?
2. Lies die Berufung des Jeremia mehrmals still durch. Tragt dann den Text mit verteilten Rollen vor: Eine Person spricht Jeremia, der Rest der Klasse gemeinsam die Worte Gottes. Tauscht euch darüber aus: Was verändert sich durch diese Worte für Jeremia?
3. „Ich kann doch nicht reden, ich bin ja noch so jung“: Nenne Situationen, in denen Menschen das heute auch sagen können. Was stimmt daran – was nicht?
4. In der Bibel gibt es weitere Berufungsgeschichten, z. B. von Jesaja (Jes 6,1–13) und von Amos (Am 7,12–17). Vergleicht und findet Gemeinsamkeiten. Wählt einen Text aus, um ein Texttheater[M] aufzuführen.
5. Beschreibt gemeinsam im Rundgespräch möglichst genau das Kapiteleingangsbild von John Jude Palencar auf S. 49.
   - Notiert Stichwörter zur Stimmung des Bildes. Welche Bedeutung können die verwendeten Formen haben?
   - Nennt Gründe, weshalb ein „verhüllter Blick“ für Prophetinnen und Propheten eine passende Darstellung ist.
   - Palencar hat viele Bücher aus dem Bereich der Fantasy-Literatur gestaltet. Dort gibt es manchmal Personen, die in die Zukunft schauen. Findet Argumente, weshalb Prophetinnen und Propheten nichts mit Hellsehen zu tun haben.

Propheten im alten Israel: berufene Rufer

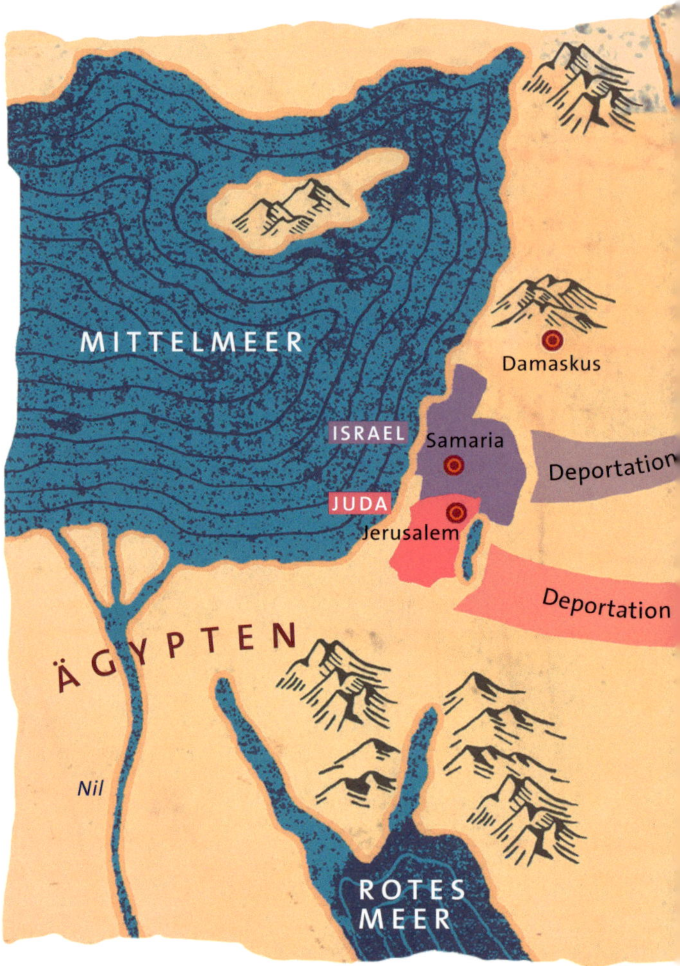

Wer ist Prophet?

„Prophet“ war im Altertum so etwas wie eine Berufsbezeichnung. An den Königshöfen gab es „professionelle Propheten“, die sich auf die Kunst des Wahrsagens verstanden. Sie wurden für ihre Dienste bezahlt und redeten den Mächtigen daher oft nach dem Mund.

Die Bibel erzählt aber auch von anderen Propheten. Das waren keine „Wahrsager“. Gott hat sie dazu berufen und beauftragt, in seinem Namen zu sprechen und seinen Willen zu verkünden. Diese Propheten traten vor allem in einer Zeit auf, in der die Gesellschaft im Umbruch war. Das einstige Reich von König David war zerfallen: in das Nordreich Israel und das Südreich Juda. Die beiden Reiche wurden von den Großmächten, die sie umgaben, bedroht. Gleichzeitig nahm die Kluft zwischen Arm und Reich immer weiter zu. Die Propheten der Bibel waren „sperrige Typen“, die genau hinsahen, ihre Stimme erhoben und die Zustände kritisierten.

Der Prophet Amos (Nordreich, um 760–750 v. Chr.):
Mit Amos, einem Bauern und Viehzüchter, beginnt die Reihe jener Propheten, die voll Zorn und Wut auf das aufmerksam machen, was in der Gesellschaft falsch läuft. Er prangert die Ungerechtigkeit an, die er überall im Land sieht: die Ausbeutung der sozial Schwachen, während eine reiche Oberschicht ihr Geld verprasst; die korrupte Rechtsprechung; eine rein äußerliche Verehrung Gottes mit großen Feiern und Festen. Er hält den Mächtigen im Namen Gottes, dem die Menschen am Herzen liegen, den Spiegel vor. Mit drastischen Worten fordert Amos Gerechtigkeit und kündigt ein Strafgericht Gottes an.

Der Prophet Jesaja (Südreich, ab ca. 740 v. Chr.):
Jesaja stammt wohl aus einer vornehmen Familie in Jerusalem; auch seine Frau ist Prophetin. Energisch mischt er sich in die Politik der Könige von Juda ein. Er hält ihnen vor, dass sie sich die falschen Bündnispartner suchen und zu faulen Kompromissen bereit sind. Er mahnt: Wer Gott vergisst, der wird keinen Frieden schaffen können. Jesaja erlebt, wie das Nordreich von den Assyrern besetzt wird, und prophezeit dem Südreich ein ähnliches Schicksal, wenn man sich dort nicht eines Besseren besinnt: Auf militärische Macht und Stärke zu vertrauen, ist kein guter Weg. Nur Gott kann wahren Frieden und Heil bringen.

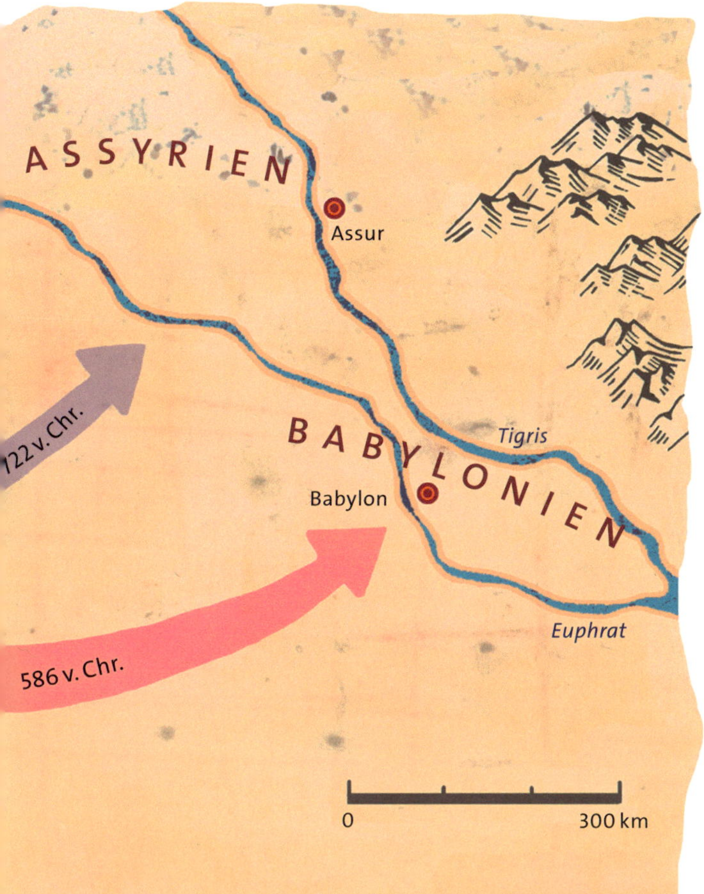

Das Nordreich Israel und das Südreich Juda (um 750 v. Chr.) sowie die benachbarten Großmächte

Der Prophet Jeremia (Südreich, ab 626 v. Chr.): Das Auftreten des Jeremia fällt in die dunkelste Zeit der Geschichte Judas. Verzweifelt ruft Jeremia die Menschen zur Umkehr auf, weil er eine Katastrophe kommen sieht. Er warnt vor falschen Propheten. Er mahnt, kritisch zu prüfen, wer wirklich im Namen Gottes handelt und wem man folgen sollte. Vergeblich – König Jojakim lässt die Worte, die Jeremia auf eine Buchrolle hat schreiben lassen, sogar verbrennen. Als das Unheil dann hereinbricht, als Jerusalem von den Babyloniern belagert und der Tempel zerstört wird, da ändert sich Jeremias Botschaft: Mitten im Unheil spricht er Trost zu und kündigt an, dass Gott seinem Volk eines Tages helfen wird.

Wie es weiterging

- Das Jahr 722 v. Chr. bringt den Untergang des **Nordreichs:** Die Assyrer erobern die Hauptstadt Samaria. Die Bevölkerung wird zwangsweise umgesiedelt (2 Kön 17,1–23).
- Im Jahr 586 v. Chr. erobern die Babylonier das **Südreich** und zerstören sogar den Tempel in Jerusalem (2 Kön 25,8–26). Sie verschleppen viele der Besiegten nach Babylon ins Exil. Erst fünfzig Jahre später, als der Perserkönig Kyros Babylon erobert, dürfen die Menschen wieder zurückkehren.

Die Worte der Propheten werden nun neu bedacht. Man fragt sich: Hätten wir besser auf die Propheten hören sollen? Deshalb werden ihre Worte aufgeschrieben. Sie sollen auch für künftige Generationen Weisung sein und ihnen Hoffnung machen. Und es werden unter ihrem Namen Ergänzungen hinzugefügt, die man für wichtig erachtet. So sind die Worte der Propheten und ihrer Nachfolger bis heute erhalten: ihre Mahnungen und ihre Verheißungen.

1. Verschaffe dir einen Überblick über den Seitenumfang, den die Prophetenbücher in der Bibel haben. Fertige eine Grafik an, die das verdeutlicht. Was lässt sich daraus über die Bedeutung der Propheten ableiten?
2. Erläutere den Unterschied zwischen den „Berufspropheten" und den Propheten der Bibel. Welche Wirkungen hat ihr Handeln – für sie selbst, die Herrscher, das Volk?
3. Erstellt zu den Propheten Amos, Jesaja und Jeremia jeweils ein Info-Blatt[M]. Berücksichtigt die äußeren Umstände ihres Auftretens ebenso wie ihre Botschaft.
4. Schneide aus einer Zeitung oder einer Zeitschrift Bilder aus mit Situationen, zu denen die Propheten Stellung beziehen würden.

„Das Recht ströme wie Wasser“

Werner Laubi erzählt vom Bauern Amos, der zum Propheten wurde:

Die Straße führt zum Stadttor hinauf. Auf dem Platz hinter dem Tor ist Markt. Auf Tüchern haben Bauern am Boden Bohnen, Zwiebeln, Knoblauch, Kümmel und Dill aufgeschichtet. Eine Magd zerrt ein Mastkalb an einem Strick hinter sich her. Das Kalb brüllt. Die Magd lacht. „Du brüllst nicht mehr lang“, sagt sie zum Kalb. „Heute Abend kochst du im Kessel!“ Die Magd steigt die Gasse hinauf und Amos folgt ihr. Längs der Gasse stehen stattliche Häuser in schmucken Gärten. Einige Häuser haben Stallungen angebaut.

Da hört Amos hinter sich Stimmen. „Platz da! Auf die Seite!“ Vier Männer keuchen die Gasse herauf. Sie tragen ein Bett auf den Schultern. Es ist ein großes Bett; fast so breit wie die Gasse. Die Träger stellen das Bett neben Amos ab und ruhen sich aus. Amos schaut auf das Bett. Es ist aus poliertem Zedernholz gemacht. Die Bettpfosten sind mit Schnitzereien aus Elfenbein verziert: Löwen, Elefanten, Palmen und Blumen. „Wem gehört es?“, fragt Amos. „Dem Michael gehört es“, sagt der Träger. „Der ist einmal ein Bauer gewesen wie du. Dann ist er immer reicher geworden. Immer mehr Land hat er bekommen. Jetzt wohnt er in dem Haus dort droben. Das Bett kommt von Tyrus. Zweihundert Lot Silber hat es gekostet. Davon könnten wir vier und unsere Familien zwei Jahre leben.“

Amos schüttelt den Kopf und geht weiter. Im Hof des Nachbarhauses sitzen drei Männer um ein Brett und würfeln. Sie tragen Festkleider. Neben jedem Mann liegt ein kleiner Haufen Goldstücke. „Dreimal die Sechs!“, ruft einer und schlägt sich auf die Schenkel. „Ich hab gewonnen!“ – „Ich setz vier Goldstücke auf den nächsten Wurf!“, sagt der andere. „Ich hab genug Geld. Es sind wieder zwei Bauern verlumpt. Ich habe ihre Äcker und Häuser bekommen.“ Der dritte Mann klatscht in die Hände. An seinen Fingern funkeln goldene Ringe mit Edelsteinen. „Deborah!“, ruft er. „Bring uns Wein! Heute wollen wir uns wieder einmal so richtig vollsaufen!“

Amos geht zur Stadt hinaus. Da rümpft er die Nase. Ein fürchterlicher Gestank schlägt ihm entgegen. Amos hört Stimmen. Auf dem Abfallhaufen stehen zwei Frauen. Sie sind barfuß. Mit ihren Händen wühlen sie im Dreck. „Ich hab was!“, kreischt eine der Frauen. Sie zerrt den blutigen Kopf einer geschlachteten Kuh aus dem Unrat. „Das gibt eine Suppe!“, schreit sie. „Eine Fleischsuppe für meine Kinder!“ Da stürzt sich die andere Frau auf sie. Sie reißt ihr den Kuhkopf aus den Händen. „Ich habe den Kopf zuerst gesehen!“, ruft sie. „Er gehört mir! Meine Kinder haben auch Hunger!“

Erschreckt geht Amos davon. Er kommt an den verwahrlosten Zelten und den elenden, aus Ästen geflochtenen Hütten vorbei. Schmutzige Kinder spielen vor den Zelten. Sie strecken Amos ihre mageren Arme entgegen. „Brot!“, betteln sie. „Brot!“ Amos eilt in die Stadt zurück. Aus der Schenke „Zum lachenden Esel“ hört er gröhlende Stimmen. Ein paar Betrunkene sitzen um einen Tisch. Ein Weinkrug geht von Hand zu Hand, von Mund zu Mund. Ein paar singen: „Lasset uns essen und trinken, denn morgen sind wir tot!“ Einer steht auf. Schwankend geht er auf Amos, der unter der Tür steht, zu. „Ich heiße Ephraim“, lallt er. „Früher bin ich der Bauer Ephraim gewesen. Dann hat mir der Michael den Acker genommen. Jetzt bin ich der Säufer Ephraim.“

Amos spricht ungeschminkt

Amos, der Hirte und Maulbeerfeigenzüchter, sieht sich von Gott beauftragt, den Menschen den Spiegel vorzuhalten (vgl. Am 7,15). Das war vor etwa 2600 Jahren. Er kritisiert vor allem die falsche Frömmigkeit der Reichen, die im Tempel opfern und dennoch die Armen ausbeuten. Denn Gott steht auf der Seite der Armen. Wer seinen Reichtum auf Kosten der Armen aufbaut, wird zugrunde gehen. Das gilt auch für die Frauen der Reichen, die er mit ihrem Hang zum Luxus mit gut genährten Kühen aus der fruchtbaren Gegend von Baschan vergleicht. Aber die Herrscher wollen ihn nicht hören, sondern aus Israel vertreiben. Doch Amos erfüllt seinen Auftrag und er spricht mit der Stimme Gottes:

Ich hasse eure Feste, ich verabscheue sie und kann eure Feiern nicht riechen. Wenn ihr mir Brandopfer darbringt, ich habe kein Gefallen an euren Gaben und eure fetten Heilsopfer will ich nicht sehen. Weg mit dem Lärm deiner Lieder! Dein Harfenspiel will ich nicht hören, sondern das Recht ströme wie Wasser, die Gerechtigkeit wie ein nie versiegender Bach.

Am 5,21–24

Hört dieses Wort, ihr Baschankühe auf dem Berg von Samaria, die ihr die Schwachen ausbeutet und die Armen zermalmt und zu euren Männern sagt: Schafft Wein herbei, wir wollen saufen!
Bei seiner Heiligkeit hat GOTT, der Herr, geschworen: Seht, Tage kommen über euch, da holt man euch mit Fleischerhaken weg, und was dann noch von euch übrig ist, mit Angelhaken. Ihr müsst aus der Stadt flüchten, eine nach der andern; man jagt euch den Bergen zu – Spruch des HERRN.

Nach Am 4,1–3

1. Verteilt die Abschnitte der Geschichte zu Amos in Kleingruppen. Entwerft arbeitsteilig zu jedem Abschnitt eine Zeichnung und fügt sie zusammen. Verseht euer Gruppenbild mit einem Kommentar zum Thema: „Was läuft hier falsch?“

2. Gib einem Unterdrückten aus der Geschichte deine Stimme. Entwirf dazu in deinem Heft ein Protestplakat für eine Demonstration. Du kannst dich von Amos und auch von den Zehn Geboten anregen lassen.

3. Tragt die Sätze in den Sprechblasen in einem passenden Tonfall in der Klasse vor. Arbeitet gemeinsam heraus, was der Prophet den Menschen vorwirft.

4. „Wenn es so zugeht, geht es nicht mehr lange gut“: Erstellt unter diesem Motto eine Mindmap, was ihr in unserer Zeit kritisch seht. Diskutiert, was sich ändern sollte.

So sprechen Prophetinnen und Propheten

Prophetinnen und Propheten sind Menschen, die sich in der Öffentlichkeit Gehör verschaffen und der Gesellschaft einen Spiegel vorhalten. Sie wissen, dass soziale Fragen Glaubensfragen sind und der Glaube soziale Wirkungen haben muss. In erster Linie sind sie Redner, keine Schriftsteller. Ihre Reden haben einige Besonderheiten:

Formen prophetischer Sprache	Inhalt und Funktion
Botenformel: „Das Wort des Herrn erging an mich" (Jer 1,4). →	Propheten des Alten Testamentes sprechen im Auftrag Gottes. Ihre Rede gilt als Gotteswort in Menschenwort.
Klagewort: „Sie schreiten von Verbrechen zu Verbrechen, mich aber kennen sie nicht" (Jer 9,2). →	Missstände werden angeprangert. Propheten klagen laut und hörbar an.
Gerichtsrede oder *Drohspruch:* „Wehe denen, die unheilvolle Gesetze erlassen" (Jes 10,1a). →	Propheten erinnern daran, dass die Menschen ihr Tun vor Gott rechtfertigen müssen. Drohungen sollen sie aufrütteln, von falschen Wegen abzulassen.
Heilsworte: „Er sammelt die Vertriebenen Israels und die Zerstreuten Judas von den vier Enden der Erde zusammen" (nach Jes 11,12). →	Propheten verkünden eine Zukunft ohne Feindschaft und Angst. Gott wird Frieden und Gerechtigkeit schaffen.
Umkehrruf: „Wenn du umkehren willst, Israel – Spruch des HERRN –, darfst du zu mir umkehren" (Jer 4,1). →	Propheten rufen zur Umkehr auf: Israel, das Volk, die Menschen sollen ihr Leben wieder im Sinne Gottes neu ausrichten.
Bildworte: „Er (...) tötet den Frevler mit dem Hauch seiner Lippen" (Jes 11,4). →	Ungewöhnliche und aussagekräftige Bilder sollen die Zuhörer aufrütteln.
Lebensfreundlicher Standpunkt: „Lernt, Gutes zu tun! Sucht das Recht!" (Jes 1,17). →	Propheten ermutigen zu selbstlosem Leben und setzen sich dafür ein, dass sich die Menschen an die Rechtsordnung Gottes halten, den Dekalog.

Prophetische Menschen heute

Auch in der Gegenwart treten immer wieder prophetische Menschen ins Licht der Öffentlichkeit. Sie rufen zu Veränderung und Umkehr auf – für eine Welt, in der alle Menschen gut leben können. Meist erkennt man sie nicht auf den ersten Blick. In der Welt der Medien muss man sehr aufmerksam sein, um ihre Botschaft zu vernehmen. Es können z. B. Künstlerinnen und Künstler, Politikerinnen und Politiker, aber auch Kinder oder Jugendliche sein.
Ihre Sprache ist durchaus vielfältig. Manche halten Reden vor vielen Leuten, andere „sprechen" in Liedern, Kunstwerken, Bildern oder sogar Plakaten. Manchmal sind sie auch nicht laut und meist sagen sie nicht, dass sie im Auftrag Gottes handeln. Weil sie sich für Gerechtigkeit und ein friedliches Leben für alle einsetzen, kann man sie als Propheten verstehen.

Das Wort, das vom HERRN an Jeremia erging: Stell dich an das Tor des Hauses des HERRN! Dort ruf dieses Wort aus und sprich: Hört das Wort des HERRN, ganz Juda, alle, die ihr durch diese Tore kommt, um euch vor dem HERRN niederzuwerfen. So spricht der HERR der Heerscharen, der Gott Israels:

Bessert euer Verhalten und euer Tun, dann will ich bei euch wohnen hier an diesem Ort! Vertraut nicht auf die trügerischen Worte: Der Tempel des HERRN, der Tempel des HERRN, der Tempel des HERRN ist dies! Denn nur wenn ihr euer Verhalten und euer Tun von Grund auf bessert, wenn ihr wirklich gerecht entscheidet im Rechtsstreit, wenn ihr die Fremden, die Waisen und Witwen nicht unterdrückt, unschuldiges Blut an diesem Ort nicht vergießt und nicht anderen Göttern nachlauft zu eurem eigenen Schaden, dann will ich bei euch wohnen hier an diesem Ort, in dem Land, das ich euren Vätern gegeben habe von ewig und auf ewig.

Jer 7,1–7

Patrycja Longawa, 2018. Mit diesem Plakat hat sie bei dem Wettbewerb „Kreativ für Menschenrechte“ den 2. Preis gewonnen.

1. Lies den Abschnitt über die prophetischen Redeformen auf S. 58. Analysiert die Rede Jer 7,1–7: Welche Formen prophetischer Sprache werden verwendet? Was ist ihr Inhalt und ihre Funktion?
2. Beurteile die Rede aus Jer 7 danach, inwiefern er sich auf die Gebote des Dekalogs bezieht. Du kannst ergänzend noch die Verse Jer 7,8–11 aus der Bibel hinzunehmen.
3. Betrachtet das Plakat „Menge“ (poln. Tłum) von Patrycja Longawa. Diskutiert, was das Plakat über Prophetinnen und Propheten zum Ausdruck bringt. Nennt Gründe, wann es erforderlich ist, die Richtung zu ändern.
4. Findet zu zweit Menschen aus der heutigen Zeit, die ihr als Prophetinnen und Propheten versteht. Tragt Beispiele zusammen, die eure Entscheidung begründen.

So sieht Gottes Friedensreich aus

Doch aus dem Baumstumpf Isais wächst ein Reis hervor, ein junger Trieb aus seinen Wurzeln bringt Frucht.
Der Geist des HERRN ruht auf ihm: der Geist der Weisheit und der Einsicht, der Geist des Rates und der Stärke, der Geist der Erkenntnis und der Furcht des HERRN. Und er hat sein Wohlgefallen an der Furcht des HERRN. Er richtet nicht nach dem Augenschein und nach dem Hörensagen entscheidet er nicht, sondern er richtet die Geringen in Gerechtigkeit und entscheidet für die Armen des Landes, wie es recht ist. Er schlägt das Land mit dem Stock seines Mundes und tötet den Frevler mit dem Hauch seiner Lippen.
Gerechtigkeit ist der Gürtel um seine Hüften und die Treue der Gürtel um seine Lenden.

Jes 11,1–5

Die Reihe der Prophetenbücher im Alten Testament beginnt mit dem Buch „Jesaja“. Wir haben für *Religion verstehen* den Bibelwissenschaftler Professor Dr. Thomas Hieke von der Universität Mainz zu einem wichtigen Text aus diesem Buch befragt.

Herr Hieke, im elften Kapitel des Buches Jesaja heißt es, dass aus dem Baumstumpf Isais ein Reis hervorwachsen wird. Wie können wir das verstehen?

Dr. Hieke: Dieser Satz ist wie ein Code; man muss wissen, was sich hinter den Schlüsselwörtern verbirgt. Der „Baumstumpf Isais“ steht für den Vater von König David, der Isai hieß (in alten Übersetzungen wird er auch Jesse genannt). Das Bild greift also auf die Zeit zurück, bevor es die Machtspiele und Ungerechtigkeiten der Könige in Israel gab. Es geht darum, diese korrupte Zeit hinter sich zu lassen und ganz neu anzufangen. Ein „Reis“ ist ein junger Trieb, aus dem ein neuer Baum werden kann. Der Text aus dem Buch Jesaja formuliert die Sehnsucht nach besseren Zeiten: Sie werden kommen mit einem Herrscher, der vom Geist Gottes durchtränkt ist und sich an die Weisung Gottes hält. Die Christen deuteten diese Stelle später als Hinweis auf Jesus: Er ist für sie der angekündigte Herrscher, der diesen Neuanfang und wahre Gerechtigkeit bringen wird. Deshalb wird dieser Text jedes Jahr im Gottesdienst vorgelesen, immer im Advent.

In den nächsten Versen geht es um den „Geist des Herrn“, der in einer Aufzählung näher beschrieben wird.

Dr. Hieke: Darin zeigt sich die Sehnsucht der Menschen nach einem wirklich guten und gerechten Herrscher. Nur mit Weisheit und Einsicht und den anderen Eigenschaften des Geistes Gottes kann gut regiert werden. Diese Fähigkeiten brauchen nicht nur Herrscher, auch jeder Mensch benötigt sie, der verantwortungsvoll ist und zu einem guten Leben für alle beitragen will. Bei der Firmung wird darum gebetet, dass die Jugendlichen diese Gaben von Gottes Geist bekommen.

Ein wichtiges Anliegen ist die Gerechtigkeit …

Dr. Hieke: Alle Propheten treten massiv für Gerechtigkeit ein. Sie reagieren damit auf das schreiende Unrecht zu ihrer Zeit. Der Jesaja-Text verknüpft die Gerechtigkeit mit der Hoffnung auf ein Reich des Friedens. Gerechtigkeit und Frieden – das sind zwei Seiten einer Medaille. Der Text verwendet für dieses Friedensreich starke Bilder, wenn er in den folgenden Versen davon spricht, dass „der Wolf beim Lamm Schutz findet“ und „Kalb und Löwe zusammen weiden“ (nach Jes 11,6–9). In einem anderen Kapitel findet sich auch die große Vision, dass die Menschen „Schwerter zu Pflugscharen umschmieden“ (Jes 2,4). Das geht nur dort, wo Gerechtigkeit ist. Das Jesajabuch verkündet die große Hoffnung: Eines Tages werden alle in einem großen Friedensreich zusammenfinden. Diese Hoffnung bewegt Menschen bis heute.

Damit sind wir auf einmal mitten in der Gegenwart, in der bei Weitem nicht alles gut ist.

Dr. Hieke: O ja! 1963/64 gestaltete der Maler Marc Chagall ein riesiges Glasfenster nach Jesaja 11 für die ▸ Vereinten Nationen in New York: das *Peace Window*. Denn diese Hoffnung der Propheten auf Gerechtigkeit und Frieden gilt auch unserer Welt. Die Botschaft ist für alle eine Ermutigung – für Politikerinnen und Politiker wie für ganz „normale“ Menschen: Frieden und Gerechtigkeit sind möglich – und von Gott gewollt!

Details aus dem Entwurf von Marc Chagall für das Friedensfenster der Vereinten Nationen in New York, 1963

1. Der Jesaja-Text spricht vom „Geist des Herrn“ und zählt auf, was dazugehört. Schreibt die Kennzeichen des Geistes einzeln auf große Blätter und notiert dazu, welche Bedeutung sie für ein Leben in Gerechtigkeit und Frieden haben.
2. Bildet vier Gruppen. Jede Gruppe befasst sich mit einer Antwort aus dem Interview und stellt ihre Ergebnisse den anderen vor. Formuliert Sätze, die zur Überschrift der Doppelseite passen.
3. Ordne die Bilder Motiven zu, die im Interview erwähnt werden und die typisch für die Botschaft des Propheten Jesaja sind.
4. Lies die Friedensvision Jes 11,6–12 in der Bibel und gib den Paaren, die dort gegenübergestellt werden, passende Adjektive. Finde Beispiele für Situationen, in denen sich Menschen mit diesen Eigenschaften gegenüberstehen. Was muss geschehen, damit die Vision von Jes 11 Wirklichkeit wird?
5. Die Vereinten Nationen wollen zur Lösung von Konflikten in der Welt beitragen. Welche Anregungen können die Bildmotive von Chagall und die Aussagen von Jesaja dazu geben? Diskutiert in Kleingruppen und schreibt eure Ergebnisse auf große Papierstreifen, die man im Gebäude der Vereinten Nationen aufhängen könnte.

Einer, der kritische Fragen stellt

Was der Prophet Jeremia hört und sieht

Jeremia hört auf Gott und schaut auf die Welt. Für ihn ist der Wille Gottes klar – seit Jahrhunderten ist er im Dekalog niedergelegt. Die Menschen kennen ihn, aber warum leben sie nicht danach? Jeremia stellt ihnen im Auftrag Gottes unbequeme Fragen:

Du sollst zu ihnen sagen: So spricht der HERR:

Wer hinfällt, steht der nicht wieder auf?
Wer vom Weg abkommt, kehrt der nicht wieder zurück?
Warum wendet dieses Volk sich ab, verharrt Jerusalem in der Abkehr?
Warum halten sie am Irrtum fest, weigern sich umzukehren?

Ich horche hin und höre:

Schlechtes reden sie, keiner bereut sein böses Tun und sagt:
Was habe ich getan?

Jeder wendet sich ab und läuft weg, schnell wie ein Ross,
das im Kampf dahinstürmt.

Selbst der Storch am Himmel kennt seine Zeiten; Turteltaube,
Schwalbe und Drossel halten die Frist ihrer Rückkehr ein;
mein Volk aber kennt nicht die Rechtsordnung des HERRN.

Jer 8,4–7

Hinhören und tun, was notwendig ist

Die Gedanken, die Jeremia umtreiben, beschäftigen auch heute viele Menschen. Sie leiden daran, wie es zugeht zwischen Armen und Reichen, Alten und Jungen, Gesunden und Kranken. Manchmal suchen sie an Orten der Stille nach Kraft und Mut. Sie fragen sich: Wie kann es gelingen, dass Menschen umkehren und sich einander zuwenden? Was kann ich dazu beitragen? Wo bin ich gefordert?

Eine besondere Gelegenheit zum Nachdenken bietet die Augustinerkirche in der Würzburger Innenstadt. Die Anfänge dieses Kirchenbaus gehen auf das Jahr 1266 zurück. Bei der Bombardierung am 16. März 1945 wurde die gesamte Inneneinrichtung zerstört. Das Foto zeigt den Eingangsbereich der Augustinerkirche nach der Neugestaltung in den Jahren 2010/11. Täglich kommen Menschen hierher, werden still und versuchen zu hören, was *not-wendig* ist. Manche fragen sich: Wie kann man heute nach den Geboten Gottes leben?

1. Sprecht im Wechsel die Rede des Propheten Jeremia mehrmals laut vor. Entscheide dich für eine Aussage, die dir wichtig erscheint, und schreibe einen Text zum Thema: Ein weises Wort Gottes in der Sprache des Propheten ist hier für mich ...
2. „Sich Gott zuwenden – nach ihm suchen – sich von ihm abwenden": Besprecht zu zweit, welche Folgen solche Haltungen haben können. Beachtet dazu auch den historischen Zusammenhang der Propheten auf den S. 54–55.
3. Lest die Texte oben und sammelt in Gruppen Argumente zu der These: „Die Rechtsordnung Gottes umzusetzen (den Dekalog), führt zu einem guten Leben." Findet Beispiele, die diese Sichtweise belegen.
4. Betrachte das Bild und schreibe deine Gedanken unter dem Motto „Hinhören und tun, was notwendig ist" auf ein Blatt. Dafür kannst du auch Sätze aus der Rede des Jeremia verwenden. Wenn ihr wollt, meditiert mit Musik[M] dazu.

Maria Ward: Eine Stimme für die Mädchen

Eine sieht, was notwendig ist

Wir schreiben das Jahr 1630: Es ist eine Zeit, in der in Europa vielerorts Krieg herrscht. Und doch schafft es eine entschlossene Frau, jungen Menschen ein Zuhause zu geben, damit sie eine Zukunft haben. Ihr Name ist Maria Ward (1585–1645). Schon als Jugendliche ist sie davon überzeugt: Ich werde kein normales Leben als Hausfrau und Mutter führen. Ich habe einen anderen Auftrag im Dienst Gottes. Ich will und muss in dieser Welt etwas bewegen, ganz im Sinne Jesu.

Und sie sieht, was notwendig ist. Zusammen mit anderen Frauen nimmt sie in München Kinder auf, die durch den ▸ Dreißigjährigen Krieg keine Eltern mehr haben. Vor allem aber schlägt ihr Herz für die Mädchen. Das ist nötig, denn viele Leute denken damals: Es genügt, wenn Mädchen ein bisschen lesen können, ansonsten sollen sie Suppe kochen und Kleider nähen. Maria Ward ist überzeugt: Hier muss sich etwas ändern. Wir werden dafür sorgen, dass die Mädchen genauso gefördert werden wie die Jungen. Denn die Mädchen sind nicht schwach – einen solchen Unterschied zwischen Männern und Frauen gibt es nicht.

Gemeinsam mit ihren Gefährtinnen baut sie Schulen für Mädchen auf. Maria Ward überlegt, wie das Leben in diesen Schulen sein soll. Ein leitender Grundsatz ist, „dass die Jugend mehr durch Beweggründe der Liebe als der Furcht zur Pflichterfüllung und Fleiß angehalten werde“. In den Schulen lernen die Mädchen Lesen, Schreiben, Rechnen und die Grundlagen der Hauswirtschaft. Sie bekommen Religionsunterricht und haben Turnunterricht mit Spiel und Sport. Die Lehrerinnen lassen sie Theater spielen und im freien Vortrag üben. So geschieht es seit dem Jahre 1620! Aber das gefiel nicht allen.

Eine Frau im Kreuzfeuer

Maria Ward (engl. Mary Ward) stammte aus England. Sie nahm sich für ihre Gemeinschaft, die sie ab 1609 ins Leben rief und die wegen ihrer Herkunft auch die „Englischen Fräulein“ genannt wurde, den ▸ Jesuitenorden zum Vorbild. Christlich leben und arbeiten bedeutete für sie: dem Papst gehorsam sein, mitten in der Welt den Glauben verkünden und Mädchen durch eine sehr gute Schulbildung zu fördern. Ab 1611 gründete sie Niederlassungen unter anderem in London, Köln, Trier, Rom, München und Wien.

Für ihr Werk suchte sie die Anerkennung beim Papst in Rom. Doch sie hatte mächtige Gegner, die nicht wollten, dass Frauen außerhalb eines Klosters zusammenlebten und diese Gemeinschaft von einer Frau geleitet wurde. 1631 verbot der Papst dieses Vorhaben. Maria Ward wurde sogar einige Monate eingesperrt. Dennoch arbeitete sie gegen alle Widerstände weiter für die Mädchenbildung. Ihre Gemeinschaft breitete sich auf der ganzen Welt aus – bis heute. Maria Ward hat das nicht mehr erlebt; sie starb 1645 zurückgezogen in England.

Modernes Lernen – von Anfang an

In den Schulen lernen die Schülerinnen von Anfang an, also schon seit 400 Jahren, auch das Theaterspielen und den freien Vortrag. Schülerinnen von Maria-Ward-Schulen gehören ab 1916 zu den ersten Frauen in Bayern, die das Abitur ablegen. Maria Ward ist in den Schulen auch heute noch lebendig und ihre Schulen in den Köpfen und Herzen der Schülerinnen:

> *Ich hoffe zu Gott, dass man in Zukunft sehen kann, dass Frauen Großes vollbringen.*
> MARIA WARD

> *Heute bin ich für viele ein Vorbild. Und dazu stehe ich auch und richte mein Handeln daran aus. Das habe ich von den Schwestern in meiner Schule vorgelebt bekommen. Das hat mich geprägt.*

> *Sie stellte uns frei, dumm zu bleiben oder zu lernen.*

> *Halbe Frauen taugen nicht für solche Krisenzeiten.*
> MARIA WARD

> *Den Armen darf der Weg in unsere Gesellschaft nicht verschlossen bleiben.*
> MARIA WARD

> *Gott wird euch beistehen und helfen.*
> MARIA WARD

> *Ich habe den christlichen Geist gespürt, der manches Verhalten und manche Entscheidung anders gestaltet hat als sonst üblich.*

> *Zeige dich, wie du bist, und sei, wie du dich zeigst.*
> MARIA WARD

> *Ich habe ein gutes Mittel, dass unser Geld immer ausreicht, wenn wir nämlich keinem Armen das Almosen versagen.*
> MARIA WARD

> *In dieser Schule bin ich wer.*

1. Lies S. 64 über Maria Ward. Nenne Gründe, weshalb man sie als eine christliche Prophetin bezeichnen kann.
2. Wähle eine der Aussagen von Maria Ward oder den Schülerinnen aus, die dich anspricht. Begründet einander in Vierergruppen eure Wahl.
3. Betrachte das Bild von Maria Ward und schreibe ihr eine kurze Nachricht zum Thema: Du wurdest mir als eine christliche Prophetin vorgestellt. Das finde ich zutreffend, weil ...
4. Informiert euch im Internet unter den Stichworten „Maria Ward“ und „Congregatio Jesu“ darüber, was aus den Ideen von Maria Ward heute geworden ist, und erstellt dazu Plakate.
5. Vergleicht Maria Ward mit Malala ▸ Yousafzai. Nennt Beispiele aus unserer Zeit, wo die Aussagen von Maria Ward noch wichtig sind.

Bildung für alle: Kinder sollen lernen dürfen

Ich heiße Carla und bin 20 Jahre alt. Mit meinen Eltern und meinen drei Geschwistern lebe ich im Süden von München. Mit 17 habe ich die Schule abgeschlossen und danach habe ich mich gefragt, was ich zunächst machen möchte.

Meine Erfahrungen in Afrika

Also bin ich erst mal für vier Monate nach Afrika gegangen. In Ghana habe ich mich zusammen mit anderen Jugendlichen um Straßenkinder gekümmert. Man kann sich bei uns gar nicht vorstellen, was da los war. Da gibt es Kinder, die völlig alleingelassen sind. Sie haben niemanden, der sich um sie kümmert. Einige hatten noch nie im Leben eine Zahnbürste in der Hand gehabt. Ihre Zähne waren ganz schwarz. Sie mussten lernen, dass man auf Körperpflege achtet, damit man nicht krank wird, oder wie man sich beim Essen benimmt. Natürlich haben wir sie auch beim Lesen-, Schreiben- und Rechnenlernen unterstützt. Das ist ganz wichtig. Am Ende kann ich sagen: Ich habe dort mindestens so viel gelernt für mein Leben, wie ich ihnen mitgeben konnte.

Was ich werden will

Als ich 13 Jahre alt war, wusste ich schon, dass ich beruflich etwas Soziales machen will. Damals habe ich einen Bericht über SOS-Kinderdörfer gesehen, der hat mich sehr beeindruckt. Jetzt studiere ich Soziale Arbeit. Ich finde, es muss noch etwas anderes geben zu dem, was sonst noch so an Berufen bei uns da ist, also ein Gegengewicht dazu. Eine Lehrerin hat mal die Meinung vertreten, dass für sie der barmherzige Samariter der erste Sozialarbeiter war. Das finde ich interessant. Aber ich meine, man muss heute auf andere Dinge achten. Wer fällt bei uns unter die Räuber? Wobei ich schon finde, dass man ab und zu darüber nachdenken sollte, wie das Leben laufen kann. Ich habe eine Arbeit darüber geschrieben, wie Armut entsteht. Da habe ich gemerkt: Es kann jeden treffen. Deshalb muss man auch etwas dagegen tun. Meine Eltern freuen sich sehr, dass ich das mache. Sie haben mich immer in Ruhe gelassen, aber auch unterstützt. Vielleicht bin ich aber auch so geworden, weil ich noch drei jüngere Geschwister habe. Das prägt einen schon.

Für gerechte Verhältnisse sorgen

In meiner Freizeit helfe ich Kindern und Jugendlichen, die in der Schule nicht so gut mitkommen. Ich bin auch in einer Gruppe, die Kinder aus Flüchtlingsfamilien bei den Hausaufgaben unterstützt. Die haben sonst keine Chance. Die Schulen achten manchmal zu wenig darauf, dass die Kinder mitkommen. Oft fehlen ihnen die Mittel dazu. Das ist nicht in Ordnung. Und auch ihre Eltern verstehen oft gar nicht, was man machen muss, damit ihre Kinder klarkommen. Manchmal sind die Eltern ja noch sehr jung – eine Mutter hat zum Beispiel vier Kinder und ist genauso alt wie ich.

Das hat aber gar nichts damit zu tun, dass es eine Familie ist, die fliehen musste. Auch unter Deutschen gibt es junge Mädchen, die mit 14 schon ein Kind haben. Die muss man richtig herausfordern, damit sie etwas lernen wollen. Manche sagen nämlich: „Nee, ich will nicht mehr in die Schule, ich geh dann später als Verkäuferin in einen Laden." Da meine ich: Das darf so nicht bleiben. Ich will sie motivieren, damit sie mehr aus sich machen.

Ich finde, dass man nicht einfach alles so laufen lassen darf. Jeder Mensch hat ein Recht auf Bildung. Dafür will ich sorgen. Das ist mein Auftrag!

Aus der Allgemeinen Erklärung der Menschenrechte, Artikel 26:

1. Jeder hat das Recht auf Bildung.
2. Die Bildung muss auf die volle Entfaltung der menschlichen Persönlichkeit (...) gerichtet sein.

1. Carla spricht verschiedene Herausforderungen an – in anderen Ländern, aber auch hier in Deutschland. Stelle sie zusammen und ergänze sie durch eigene Erfahrungen.
2. Tauscht euch darüber aus, was das von Kindern gemalte Bild unten über Carla aussagt. Stellt ein kleines Porträt zusammen unter der Überschrift „Carla – eine Prophetin des Alltags".
3. Teilt euch in Kleingruppen auf. Schreibt auf ein DIN-A4-Blatt: „Hier ist prophetisches Handeln nötig" und dazu einen Satz aus dem Artikel 26 zur Bildungsgerechtigkeit. Führt ein Streitgespräch dazu.
4. Entwirf eine kurze „Rede an die Menschheit" zum Thema: „Das Recht auf Bildung kann unsere Zukunft sichern". Verwende dabei Gedanken aus dem Text von Carla und von anderen Seiten aus diesem Kapitel.
5. Auch in Schulen ist es hilfreich, wenn Ältere den Jüngeren zur Seite stehen. Entwickelt zu zweit Möglichkeiten, sich zu engagieren.

Was es bedeutet, Prophetin oder Prophet zu sein

T: HERMANN SCHULZE-BERNDT/ M: PETER JANSSENS

Propheten sind wir alle

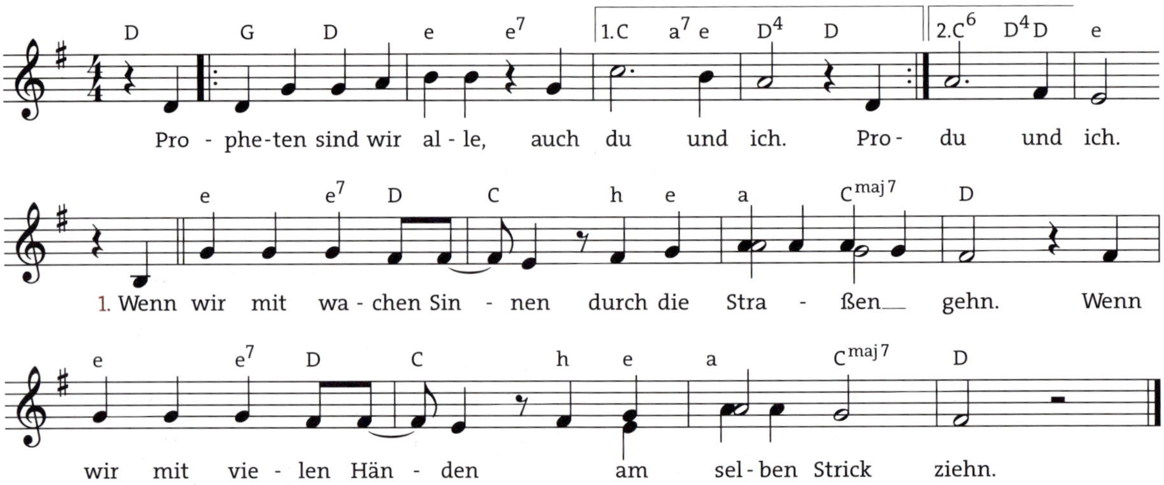

2. Wenn wir mit lauten Stimmen alle Satten störn.
   Wenn wir mit offnen Ohren Gottes Worte hörn.
3. Wenn wir mit flinken Fingern an der Armut drehn.
   Wenn wir mit andren Augen Gottes Schöpfung sehn.
4. Wenn wir mit starken Kräften Friedenshäuser baun.
   Wenn wir mit frohen Herzen in die Zukunft schaun.
5. Wenn wir mit kleinen Träumen Hoffnungskörner säen.
   Wenn wir mit beiden Beinen auf dem Boden stehn.

1. „Wenn wir …“: Wähle eine Zeile des Liedes aus, die dir wichtig erscheint. Schreibe weiter, was es für die Welt bedeutet, wenn wir so handeln würden.
2. Das Lied will Mut machen. Diskutiert, wie die Prophetinnen und Propheten der Bibel dieses Lied beurteilen würden. Blättere dazu die Seiten dieses Kapitels nochmals durch.
3. „Die Welt braucht Prophetinnen und Propheten“: Nimm dazu Stellung.
4. Betrachte noch einmal in Ruhe das Kapiteleingangsbild (S. 49). Lass die Person sprechen und ergänze den Satzanfang: „Die Welt sollte umkehren, weil …“ Tretet abwechselnd vor die Klasse und sprecht eure Sätze.
5. Kreativ schreiben[M]: Gestalte die Überschrift des Kapitels als Wortbild in deinem Heft.

4

JESUS CHRISTUS – DAS SAKRAMENT GOTTES

Was sind Sakramente?

Wir sehen Jesus nicht, wir hören ihn nicht, wir können ihn nicht berühren. Trotzdem glauben Christen, dass der auferstandene Christus bei ihnen ist. Die Kirche feiert seine Gegenwart in den Sakramenten. Alle Zeichen, Symbole, Handlungen und Gebete der Sakramente zeigen die Gegenwart Christi.

Bei der Taufe gießt der Priester oder Diakon dreimal Wasser über den Täufling und spricht:
Ich taufe dich im Namen des Vaters, des Sohnes und des Heiligen Geistes.

Die Taufe, das grundlegende Sakrament

Mit der Geburt beginnt das Leben; mit dem Sakrament der Taufe beginnt das Leben als „Kind Gottes“, als Christ. Durch die Taufe wird der Täufling in die Kirche aufgenommen und ist ganz eng mit Christus verbunden. Die Taufe ist auch ein Fest, in dem die Eltern das Neugeborene bewusst in die Nähe und unter den Schutz Gottes stellen. Darum werden meist Kleinkinder bald nach der Geburt getauft. Immer öfter empfangen aber auch ältere Kinder, Jugendliche und Erwachsene die Taufe.

Leibhaftige Erfahrung der Nähe Christi

Bei der Feier des Sakraments der Taufe sind zwei Elemente wesentlich:

- das Übergießen mit Wasser und
- die Taufworte, die der Priester spricht.

Wie bei der Taufe die heilende Nähe Jesu Christi durch das Wasser und die Zusage der Taufe gefeiert wird, gehört auch zu allen anderen Sakramenten jeweils eine zeichenhafte Handlung und ein Wort der Zusage. Auf diese Weise wird das Geschehen am eigenen Leib erlebbar. Ein Sakrament verbindet Gott und Mensch.

Die sieben Sakramente

Die katholische Kirche feiert sieben Einzelsakramente. Sie begleiten die Menschen in allen wichtigen Stationen von der Geburt bis zum Tod. Deutlich soll werden: Der auferstandene Christus ist in allen Höhen und Tiefen des Lebens da und schenkt Kraft und Zuversicht.

Dabei ist die Zahl Sieben, zusammengesetzt aus drei und vier, ein Symbol für die enge Verbindung Gottes mit der Welt:
drei = Zahl Gottes (Dreifaltigkeit) und
vier = Zahl der Welt (z. B. vier Himmelsrichtungen, vier Jahreszeiten).

1. Was kann „Wasser" bedeuten? Sammelt Stichworte in einer Mindmap. Erläutert, was das Übergießen mit Wasser bei der Taufe ausdrückt.
2. Betrachte das Foto. Was könnte man einem Täufling bei der Taufe wünschen? Gestalte eine Glückwunschkarte.
3. Tragt zusammen, was ihr bereits über einzelne der sieben Sakramente wisst. Welche Sakramente habt ihr selbst schon empfangen oder miterlebt? Erzählt davon.
4. Deute die Grafik: Warum steht das Zeichen für Christus in der Mitte?
5. Stelle dar, warum die Feier der Sakramente für die Kirche so wichtig ist.

Wenn Dinge mehr als Dinge sind: Symbole

Eintrittskarte eines Konzerts

Leonie hat die Eintrittskarte eines Konzertes vom letzten Sommer eingerahmt und über ihrem Schreibtisch auf Augenhöhe angebracht. Wenn sie auf die Eintrittskarte schaut, steigen in ihr Gefühle und Empfindungen auf. Sie erinnert sich an das grandiose Konzert. Und sie erinnert sich vor allem an Elias, ihren Freund, den sie dort kennengelernt hat. Er stand neben ihr und sie haben sich immer wieder angeschaut – so hat alles begonnen.

Abgetragene Turnschuhe

In Maximilians Zimmer hängen seine abgetragenen Turnschuhe, die er bis vor Kurzem täglich angehabt hat. Seine Eltern wollten sie in die Mülltonne werfen. Empört hat er sie wieder herausgeholt und an einen Haken in der Decke gehängt. Die Turnschuhe sind mit Kuli und Filzstift bemalt: mit dem Namen seiner Lieblingsband, dem Anfang eines Songs sowie den Namen der Leute aus seiner Clique, mit denen er seit zwei Jahren regelmäßig „herumhängt". Wenn er die abgetragenen Turnschuhe anschaut, denkt er an das, was sie gemeinsam erlebt haben.

„Berliner Mauer"

Jochen war als Fünfzehnjähriger kurz nach dem Fall der Mauer auf Klassenfahrt in Berlin und hat, wie viele seiner Mitschülerinnen und Mitschüler, „die Berliner Mauer" mitgenommen. Wenn er zu seinem Bücherregal geht, nimmt er manchmal das faustgroße Stück aus hellgrauem Beton, wiegt es in seiner Hand und erinnert sich an das Jahr 1989. Dabei wird diese besondere Zeit des Mauerfalls wieder in ihm lebendig. Noch immer staunt er darüber, dass die Mauer gefallen ist.

Ring der Mutter

Gabi schaut manchmal ihren Ring mit dem kleinen Diamanten an und denkt an ihre Mutter. Kurz vor ihrem Tod hatte ihre Mutter zu ihr gesagt: Nimm den Ring, halte ihn in Ehren. Seitdem trägt sie ihn stolz am Ringfinger ihrer linken Hand. Sie hat das Gefühl, dass mit diesem Ring etwas von ihrer Mutter bei ihr ist; manchmal hört sie in Gedanken ihre Stimme und es kommen ihr Bilder und Szenen von früher. In gleicher Weise möchte sie den Ring später auch an ihre Tochter weitergeben, wie den Stab in einem Staffellauf.

Symbole des Alltags

Es gibt Dinge, die mehr als Dinge sind. Sie weisen über sich hinaus. Sie zeigen etwas, das sie nicht selbst sind. Sie machen etwas lebendig, was für den Betrachter wichtig und bedeutend ist. Auch an sich „wertlose" Dinge können so einen großen Wert bekommen. Man nennt sie Symbole. Im Alltag kommen viele solcher Symbole vor. Letztlich sind es aber nicht nur „Dinge". Auch Zahlen, Worte oder Handlungen können Symbole sein.

Der Baum gehört zu den ältesten Symbolen der Menschheit. Er ist Sinnbild des Lebens und des Menschen, des Wachsens und Fruchtbringens, des Sterbens und des Neuwerdens.

Symbole in Religion und Christentum

Symbole spielen in Religionen eine besondere Rolle. Sie zeigen, was Menschen glauben. Sie verbinden Sichtbares und Unsichtbares: In Symbolen wird das Unbegreifliche „greifbar".

Kreuz: Das Kreuz hat seit alters her eine Bedeutung bei vielen Völkern und Kulturen: Die senkrechte Linie gilt als Verbindung von Himmel und Erde, die Waagrechte als Verbindung der Menschen untereinander. Zugleich ist es das wichtigste Symbol des christlichen Glaubens. Es erinnert an Jesus Christus, der am Kreuz gestorben und von Gott auferweckt wurde. Das Kreuz weist darauf hin: Tod, Leid, Gewalt haben nicht das letzte Wort, die Liebe Gottes ist stärker und schenkt Hoffnung.

Brot: Brot ist ein Grundnahrungsmittel der Menschen. Als Symbol steht es für miteinander essen, zusammensitzen, sich anschauen und erzählen; es ist Ausdruck von Gemeinschaft und Sinnbild des Teilens. In der Bibel wird Brot nicht nur zum Ausdruck für die Gemeinschaft unter Menschen, sondern auch für die Gemeinschaft mit Gott. „Brot" meint nicht nur Nahrung für den Körper, sondern auch für die Seele, die den Menschen von innen kräftigt und am Leben hält. In diesem Sinne lehrt Jesus die Jünger im Vaterunser, Gott um das „tägliche Brot" zu bitten. Im Johannesevangelium sagt Jesus von sich: „Ich bin das Brot des Lebens; wer zu mir kommt, wird nie mehr hungern" (Joh 6,35).

1. Lest die Geschichten und tauscht euch darüber aus, welche Bedeutung die Gegenstände für Leonie, Maximilian, Jochen und Gabi haben.
2. Wähle einen Gegenstand, der für dich persönlich eine symbolische Bedeutung hat. Schreibe das Wort auf eine Karte und auf die Rückseite deine Geschichte dazu. Ihr könnt euch die Geschichten auch erzählen.
3. Betrachtet das Foto. Beschreibt, was einen Baum ausmacht, und zeigt auf, wie er dadurch zum Symbol werden kann. Auch Licht und Sonne gehören zu wichtigen Symbolen der Religionen. Benennt, wofür Licht und Sonne stehen können.
4. Erläutert, warum Symbole für Religion und Glaube bedeutsam sind. Erklärt für ein Symbol eurer Wahl, warum es geeignet ist, den christlichen Glauben auszudrücken.

Zeichen, die wirken

Alle Zeichen stehen für etwas. Es gibt jedoch sehr unterschiedliche Formen von Zeichen.

Zeichen können informieren

Im Alltag gibt es viele Zeichen, die informieren. Verkehrszeichen helfen den Straßenverkehr zu regeln. Das Vorfahrtsschild an einer Kreuzung zeigt an, dass derjenige, der es sieht, Vorfahrt hat und berechtigt ist, als Erster zu fahren. Solche Zeichen müssen eindeutig sein. Wäre das nicht der Fall, würden sie Verwirrung stiften. Darum ist die Bedeutung der Verkehrszeichen in der Straßenverkehrsordnung festgelegt. Wer die Zeichen kennt, für den geben sie eine bestimmte, eindeutige Information weiter.

Zeichen können etwas lebendig werden lassen

Es gibt auch mehr- und vieldeutige Zeichen. Man nennt sie Symbole. So ist das Symbol des Kreuzes ein vieldeutiges Zeichen; es bedeutet nicht einfach Jesus, sondern weist auf sein Leben, Sterben und Auferstehen, ja auf den christlichen Glauben als Ganzes hin. Das Symbol des Baumes verweist auf Wachsen, Fruchtbringen, Vergehen und neues Erblühen und vieles mehr. Das gilt auch für das Symbol der „abgetragenen Turnschuhe“ oder für den Ring, der zu einem Erinnerungsstück geworden ist: Nie geht es nur um einen Aspekt, sondern um eine ganze Bedeutungsfülle, die das jeweilige Symbol vergegenwärtigt. Ein eindeutiges Zeichen wie eine Eintrittskarte, die zeigt, dass man den Eintrittspreis bezahlt hat, kann für Menschen zu einem lebendigen Zeichen werden, wenn sie, wie Leonie, mit dieser Karte ein Erlebnis verbinden. Dann wird die Eintrittskarte zu einem Symbol, das vom Beginn ihrer Liebe mit Elias erzählt.

Die Zeichen von Brot und Wein

Für Christen sind die Symbole Brot und Wein ganz besondere Zeichen. In ihnen wird das letzte Abendmahl lebendig, das Jesus vor seinem Tod mit den Jüngern gefeiert hat. Damals teilte er Brot und Wein und sagte: „Tut dies zu meinem Gedächtnis!“ (1 Kor 11,23–25). Bei diesem letzten Abendmahl zeigte sich alles, was Jesus für seine Jünger bedeutete. Er ist für sie da, teilt sein Leben, ja, er gibt sich selbst hin, um die Menschen zu erlösen. Immer wenn die Jüngerinnen und Jünger nach seinem Tod und seiner Auferstehung zusammenkamen, über ihn sprachen, miteinander das Brot aßen und den Wein tranken, erlebten sie den auferstandenen Jesus Christus ganz in ihrer Mitte. Bis heute steht die Feier der Eucharistie im Zentrum des christlichen Glaubens. Im Sakrament der Eucharistie, in den gewandelten Zeichen von Brot und Wein, ist Jesus selbst da.

Sakramente: wirksame Zeichen

Im Begriff „Sakrament“ steckt das lateinische Wort für „heilig“. Sakramente sind heilige Zeichen, in denen die Menschen Gott begegnen können. In ihnen wird die Zuwendung Gottes zu den Menschen für Gläubige konkret erlebbar und erfahrbar. Zu jedem Sakrament gehören bestimmte Symbole bzw. symbolische Handlungen, etwa das Übergießen mit Wasser bei der Taufe oder Brot und Wein sowie das gemeinsame Essen bei der Eucharistie. In diesem sichtbaren Ereignis wird etwas „greifbar“, das man nicht sehen kann, das aber doch da ist, nämlich die Liebe und die Nähe Gottes. Für die Kirche sind Sakramente Zeichen, in denen Gott selbst wirkt. Sie sind wie die ausgestreckten Hände Gottes, die der Mensch ergreifen kann. Sie sind Hilfen zum Leben.

Sieger Köder, 1996

1 Sammelt Beispiele für informierende Zeichen. Wählt ein Beispiel aus und stellt dar, wie aus diesem Zeichen für Menschen ein Symbol werden kann.

2 Betrachtet das Bild von Sieger Köder. Der Künstler nennt es „Das Mahl“.
- Nennt Symbole, die der Künstler auf dem Bild verwendet, und tragt zusammen, worauf sie hinweisen.
- Lest Mk 14,17–25 zum letzten Abendmahl. Schreibt die Sätze in euer Heft, in denen Jesus Brot und Wein mit seinem Leben in Verbindung bringt.
- Beschreibe, wie der Künstler die Nähe Gottes und ihre Wirkung auf die Menschen darstellt.

3 Sakramente sind wirksame Zeichen der Liebe und Nähe Gottes. Erläutert, was mit dieser Aussage gemeint ist.

„Ich bin …"

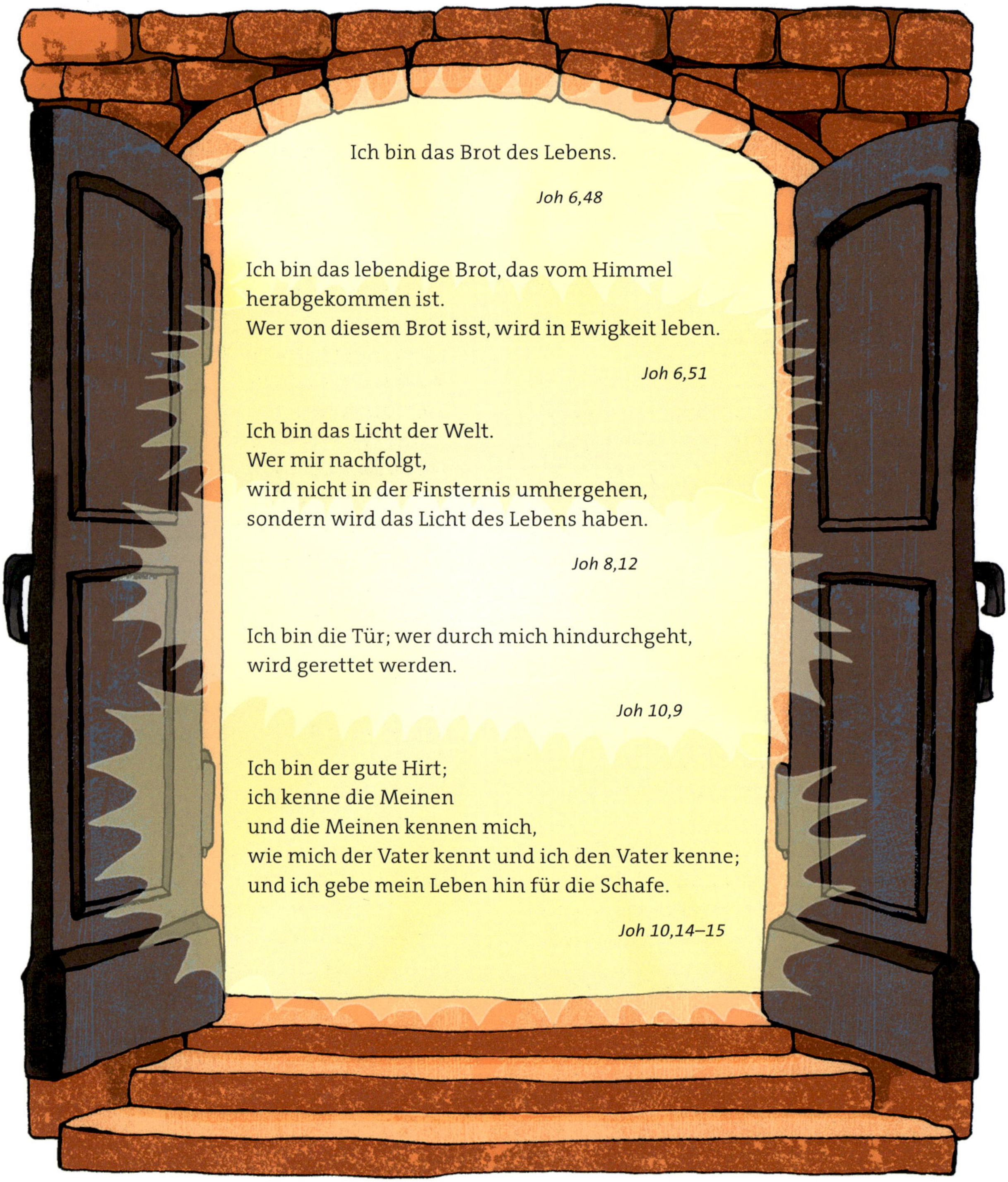

Ich bin das Brot des Lebens.

Joh 6,48

Ich bin das lebendige Brot, das vom Himmel herabgekommen ist.
Wer von diesem Brot isst, wird in Ewigkeit leben.

Joh 6,51

Ich bin das Licht der Welt.
Wer mir nachfolgt,
wird nicht in der Finsternis umhergehen,
sondern wird das Licht des Lebens haben.

Joh 8,12

Ich bin die Tür; wer durch mich hindurchgeht,
wird gerettet werden.

Joh 10,9

Ich bin der gute Hirt;
ich kenne die Meinen
und die Meinen kennen mich,
wie mich der Vater kennt und ich den Vater kenne;
und ich gebe mein Leben hin für die Schafe.

Joh 10,14–15

Die „Ich-bin-Worte" Jesu

„Ich bin das Brot des Lebens", heißt es im Johannesevangelium. Um zu verstehen, wie umstürzend diese Worte Jesu sind, muss man sich einmal vorstellen, dass sich ein König oder Herrscher als „Brot" bezeichnen würde, dessen Zweck es ist, gegessen zu werden.

Im Johannesevangelium findet sich eine Reihe solcher „Ich-bin-Worte". Sie machen deutlich, dass Jesus viel mehr ist als ein Wanderprediger oder ein Prophet. Sie bekennen: In ihm zeigt sich Gott; er ist der „Sohn Gottes", der die Menschen rettet und erlöst. Darum verwenden die „Ich-bin-Worte" Symbole des Lebens: Brot, Licht, Tür, guter Hirte. Sie rufen dazu auf, sich auf Jesus einzulassen und ihm nachzufolgen.

Das Johannesevangelium wurde etwa 60 bis 70 Jahre nach Tod und Auferstehung Jesu geschrieben. In den „Ich-bin-Worten" spiegeln sich viele Erfahrungen, die die Jüngerinnen und Jünger und die ersten Gemeinden seitdem mit dem auferstandenen Jesus Christus gemacht haben.

1. Lest die „Ich-bin-Worte" laut und tauscht eure Eindrücke aus. Schreibt die Symbole heraus und tragt zusammen, worauf sie hinweisen. Was sagen sie über Jesus aus?
2. Betrachtet das Kapiteleingangsbild (S. 69) aus unterschiedlichen Entfernungen und beschreibt die Wirkung. Wie stellt der Künstler das Besondere von Jesus dar? Lest nun zum Bild nochmals die „Ich-bin-Worte" Jesu und wählt eines aus, das sich auch als Bildüberschrift eignet. Begründet eure Wahl.
3. Lest die Geschichte „Die Hochzeit von Kana".
   - Das Wunder Jesu wird dort „Zeichen" genannt. Beschreibt, wie hier die unbegreifliche Besonderheit Jesu erzählt wird.
   - Übertragt einen oder zwei Sätze aus der Geschichte in euer Heft, in denen die Aussage der Geschichte deutlich wird.

Wunder zeigen, wer Jesus ist

Im Johannesevangelium werden sieben Wundergeschichten erzählt, die zeigen sollen, wer Jesus ist. Die folgende Geschichte ist die erste dieser Wundererzählungen.

Die Hochzeit von Kana

Am dritten Tag fand in Kana in Galiläa eine Hochzeit statt und die Mutter Jesu war dabei. Auch Jesus und seine Jünger waren zur Hochzeit eingeladen. Als der Wein ausging, sagte die Mutter Jesu zu ihm: Sie haben keinen Wein mehr. Jesus erwiderte ihr: Was willst du von mir, Frau? Meine Stunde ist noch nicht gekommen. Seine Mutter sagte zu den Dienern: Was er euch sagt, das tut! Es standen dort sechs steinerne Wasserkrüge, wie es der Reinigungssitte der Juden entsprach; jeder fasste ungefähr hundert Liter. Jesus sagte zu den Dienern: Füllt die Krüge mit Wasser! Und sie füllten sie bis zum Rand. Er sagte zu ihnen: Schöpft jetzt und bringt es dem, der für das Festmahl verantwortlich ist! Sie brachten es ihm. Dieser kostete das Wasser, das zu Wein geworden war. Er wusste nicht, woher der Wein kam; die Diener aber, die das Wasser geschöpft hatten, wussten es. Da ließ er den Bräutigam rufen und sagte zu ihm: Jeder setzt zuerst den guten Wein vor und erst, wenn die Gäste zu viel getrunken haben, den weniger guten. Du jedoch hast den guten Wein bis jetzt aufbewahrt. So tat Jesus sein erstes Zeichen, in Kana in Galiläa, und offenbarte seine Herrlichkeit und seine Jünger glaubten an ihn. Danach zog er mit seiner Mutter, seinen Brüdern und seinen Jüngern nach Kafarnaum hinab. Dort blieben sie einige Zeit.

Joh 2,1–12

Jesus Christus: Gott für uns

Jesu Leben

Jesus ist öffentlich aufgetreten, hat die Botschaft vom Reich Gottes verkündet und Jüngerinnen und Jünger um sich geschart. Er hat Kranke geheilt und Wunder gewirkt. Er rief die Menschen zur Umkehr und predigte radikale Nächstenliebe. Mit der religiösen Obrigkeit in Jerusalem kam er schnell in Konflikt: Sie haben ihm den Prozess gemacht, ihn zum Tode verurteilt und ihn von den Römern ans Kreuz schlagen lassen. Nach seinem Tod erfuhren die Jünger, dass Jesus bei ihnen ist und lebt. Sie bekannten: Jesus ist auferstanden. Gott hat ihn auferweckt. Gott ist stärker als der Tod.

In Jesus zeigt sich Gott

Schon damals, als er noch lebte und mit ihnen in Galiläa umherzog, wurde den Jüngern zunehmend klar, dass Jesus nicht nur ein Wanderprediger war, wie es sie damals immer wieder gab. Er lebte in einer ganz besonders innigen Beziehung zu Gott, den er „Vater" nannte. Für die Jüngerinnen und Jünger wurde es zur Gewissheit: Auf ihm ruht der „Geist Gottes". Er scheute nicht den Konflikt und nahm sogar den Tod in Kauf, um seinem Auftrag treu zu bleiben. Immer deutlicher wurde ihnen: Er ist der lang ersehnte Retter, der den Menschen Heil bringt. Sie nannten ihn *Christus*. Das ist das griechische Wort für ▸ Messias und bedeutet „Gesalbter". Und sie erkannten: In diesem *Jesus Christus* zeigt sich, wie Gott sich den Menschen zuwendet, vor allem den Armen und Geringen, den Sündern und Ausgegrenzten, all jenen, denen es schlecht geht. Das Erlebnis der Auferstehung von den Toten machte den Jüngerinnen und Jüngern bewusst, dass er „Gottes Sohn" ist: Er weist durch sein ganzes Leben auf Gott hin und zeigt, wie Gott ist.

Jesus ist das Sakrament Gottes

In der Folge hat die Kirche immer wieder über Jesus nachgedacht. Sie hat schließlich die Formulierung gefunden: Jesus Christus ist das Sakrament Gottes. In ihm ist Gott unter den Menschen lebendig geworden. Es ist Gott selbst, der in Jesus den Menschen ganz nahekommt: Er ist Gott für uns.

Jesus selbst wirkt in den Sakramenten der Kirche

„Ich bin mit euch alle Tage bis zum Ende der Welt" hat Jesus seinen Jüngern zugesagt (Mt 28,20). Aus dieser Verbundenheit mit Jesus Christus lebt die Kirche. Sie spendet die Sakramente aus dem Glauben heraus, dass die Menschen in ihnen immer wieder Jesus Christus begegnen und Zuspruch und Hilfe in den unterschiedlichen Situationen des Lebens erfahren können. Dabei ist die Kirche sozusagen der Grund und Boden, auf dem die Sakramente wachsen. Die Kirche glaubt, dass es Jesus Christus selbst ist, der in den sieben Sakramenten wirkt. Weil alle Sakramente von ihm ausgehen und seine Gegenwart feiern, wird Jesus Christus auch als das *Ursakrament* bezeichnet. Alle Sakramente wurzeln in seiner Person.

Larry Cole, 2010

1. Zeige auf, warum Jesus für seine Jüngerinnen und Jünger viel mehr war als ein Wanderprediger.

2. „Jesus Christus ist das Sakrament Gottes." Erläutere, wie dieses Bekenntnis zu verstehen ist.

3. Beschreibe das Bild. Deute die Art, wie der Künstler Jesus, Gott und den Menschen anordnet. Ihr könnt auch Anfragen an das Bild formulieren. Inwiefern lässt es sich als Bild für die Sakramente deuten?

4. Gestalte selbst ein Bild mit dem Titel „Jesus Christus: Gott für uns". Überlege dir, welche Symbole du dabei verwenden kannst.

Firmung: Stärkung für das Leben

Christ ist man nicht, Christ wird man. Das „Ja" zum Glauben, das in der Taufe meistens noch die Eltern für das Kind gesprochen haben, bestätigen Jugendliche in der Firmung: Taufe und Firmung gehören zusammen. Jetzt geht es darum, auch verantwortlich zu leben.

Gerade Jugendliche erfahren, dass das nicht immer einfach ist. Sie sind keine Kinder mehr. Sie nehmen die Welt bewusster und kritischer wahr. Sie stehen vor Entscheidungen und Fragen: Wer bin ich? Was will ich aus meinem Leben machen? Was ist mir wichtig?

Bei der Firmung legt der Bischof dem Firmling die Hand auf den Kopf, zeichnet mit ▸ Chrisam ein Kreuz auf die Stirn und spricht:
[Name des Firmlings], sei besiegelt durch die Gabe Gottes, den Heiligen Geist.

Ein Geschenk – und ein Auftrag

Das Sakrament der Firmung ist vor allem ein Geschenk: Gott schenkt seinen Heiligen Geist. Er schenkt seine Nähe und Kraft. In der Firmung wird die Zusicherung gefeiert, dass Jesus Christus da ist und durch „dick und dünn" mitgeht. Firmung – vom lateinischen *firmare* – heißt „stärken, festigen, bekräftigen". Firmung bedeutet: Du bist nicht allein, ...

... denn Gott ist bei dir.

... denn du bist aufgehoben in der Gemeinschaft, die an Christus glaubt.

... darum hast du auch den Auftrag, an der Gestaltung der Welt mitzuwirken.

Die Feier der Firmung

Im Mittelpunkt der Feier stehen:

- die Handauflegung und die Salbung mit Chrisam
- und die Zusage des Heiligen Geistes.

Diese Gesten und Worte sind sichtbare Zeichen für das, was Gott tut. Das „Besiegeln" mit dem Heiligen Geist drückt aus: Dies gilt für ein ganzes Leben. Dieser Beistand ist immer da. Darum kann man nur einmal im Leben gefirmt werden. Wie bei der Taufe, so steht auch bei der Firmung ein Pate oder eine Patin zur Seite. Den Paten sucht sich der Firmling bewusst selbst aus.

Die Gaben des Heiligen Geistes

Im Firmgottesdienst bittet der Bischof in einem Gebet um die Gaben des Geistes. So wie der Heilige Geist an Pfingsten den Jüngerinnen und Jüngern Kraft gegeben hat, so soll er nun den Firmlingen Kraft geben, als Christen zu leben.

Dass man von sieben Gaben spricht, geht auf das Buch Jesaja zurück (Jes 11,2): Dort werden „Begabungen“ genannt, die der Geist Gottes schenkt. Sie zeichnen einen Menschen aus, der im Auftrag Gottes handelt.

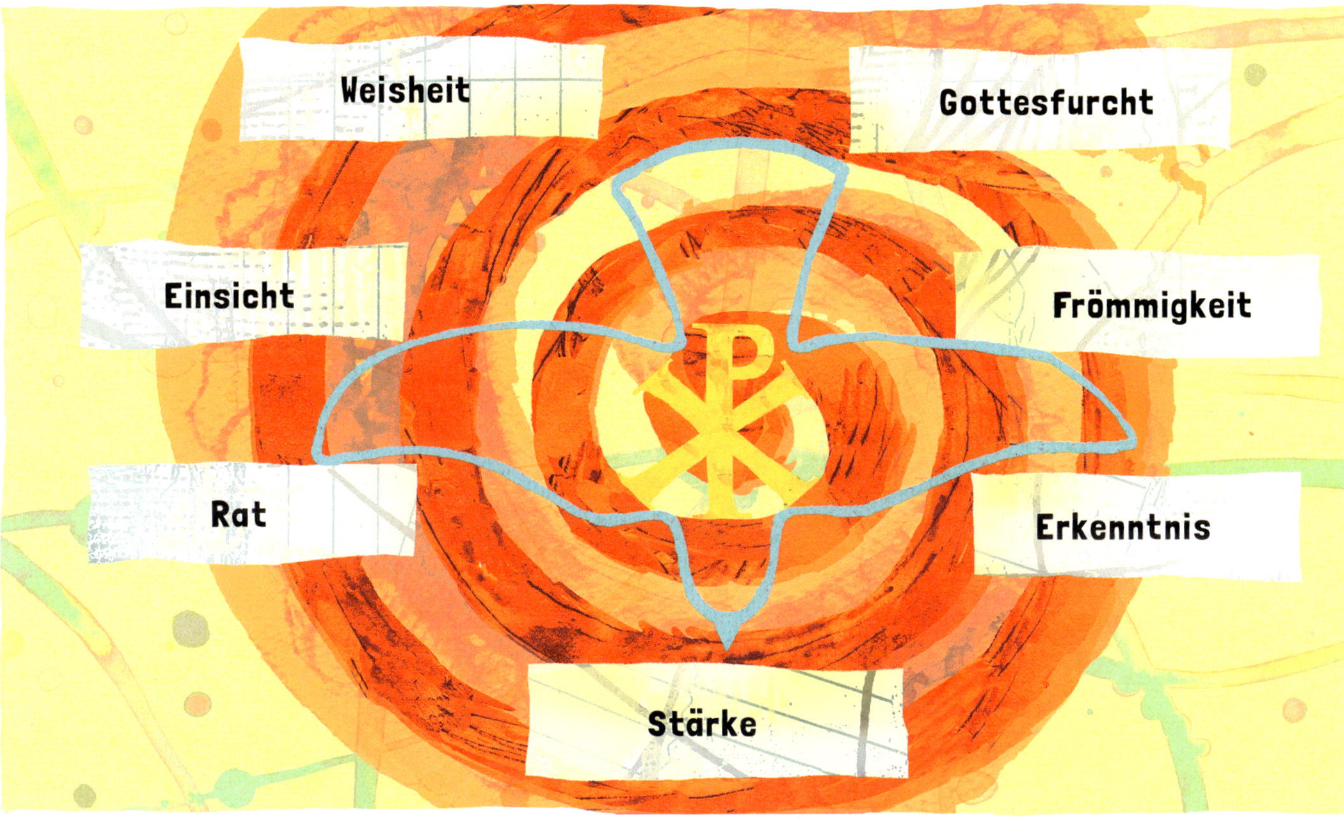

1. Taufe und Firmung gehören zusammen. Vergleiche die beiden Sakramente und nenne Gemeinsamkeiten. Nutze dazu auch S. 70 über die Taufe.

2. Überlegt in der Kleingruppe, was die Gaben des Heiligen Geistes bedeuten. Schreibt auf: „Weisheit heißt für mich …“ usw. Findet gemeinsam Beispiele, wie sich diese Gaben im Leben auswirken können.

3. Schreibe die Worte des Bischofs bei der Salbung mit Chrisam in dein Heft.
   - Recherchiere, wozu man ein Siegel verwendet. Erstellt gemeinsam in der Klasse ein Wortfeld zu „besiegeln“.
   - Schreibe nun unter die Bischofsworte, was dieser Satz aussagt.

4. Betrachte das Foto. Mit welchem Satz könnte der Junge ausdrücken, was er gerade erfährt? Gestalte dazu ein Wortbild. Anregungen findest du auf S. 109 unter „Kreativ schreiben“ᴹ.

Sich versöhnen: Klarheit gewinnen

Veronika Holler kommt aus Sinzing bei Regensburg. Als sie in der achten Klasse war, hat sie sich auf die Firmung vorbereitet. Dabei spielte auch das Thema „Versöhnung“ eine wichtige Rolle. Sie erzählt rückblickend:

Sich auf ein Abenteuer einlassen

Bei unserer Vorbereitung auf die Firmung haben uns die Gruppenleiterinnen und Gruppenleiter gefragt, ob wir uns auf ein Abenteuer einlassen würden. Das machte uns neugierig. Sie meinten damit eine „Reise ins Innere“ und nannten es Exerzitien. Damit ist eine bestimmte Zeit des Nachdenkens gemeint: über uns selbst, das Leben mit anderen und über Gott. Wir wussten nicht genau, was auf uns zukommt, und waren davor sehr aufgeregt. Nicht umsonst wurde es „Abenteuerexerzitien“ genannt. Ich habe erst später gemerkt, wie sehr dies zutrifft.

Nachdenken im Gehen

Wir haben uns an einem Freitagnachmittag um 15 Uhr zum sogenannten Versöhnungsweg getroffen. In einer Ecke des Pfarrsaales war schon die Musik der Jugendband zu hören. Wir waren 40 Firmlinge und fast ebenso viele ältere Jugendliche und Erwachsene, die uns unterstützten. Von ihnen bekamen wir ein längeres Bändchen, das uns begleiten sollte.

Im Abstand von einigen Minuten machten wir uns auf den Weg durch den Ort, allein, zu zweit oder zu dritt. Wir sollten nicht sprechen. So konnten wir mit unseren Gedanken nur bei uns bleiben. Schon bald kamen wir zur ersten Station. Sie hatte das Thema „Mein Engagement für andere“. Das fand ich wichtig – und manchmal schwierig. Betreuer gaben uns einen Impuls aus der Bibel und boten uns an, ein Symbol an unserem Bändchen zu befestigen, wenn wir meinten, dass wir zu dem Thema später noch sprechen wollen. Bei der Station „Mir wird die Sicht versperrt“ ging es um die Erfahrung von Ausgrenzung. Einen Gedankenanstoß erhielten wir durch einige Verse aus der Geschichte von

Ausgrenzen – ausgegrenzt sein?

Zachäus (Lk 19,3–4). Wer wollte, konnte ein Stück von einem Gitternetz an sein Bändchen binden, wenn man diese Erfahrung ebenfalls kannte. So gingen wir weiter und kamen zu neuen Stationen. Sie hießen „Abgeschrieben – festgenagelt“, „Umgang mit der eigenen Zeit – Zeit für Gott“, „Gut investiert“ und „Unbedingt ändern“. Wir waren ziemlich in uns gekehrt. Die Bändchen bekamen Zuwachs. Das konnten wir sehen, als wir die anderen im Pfarrsaal wieder trafen.

Versöhnung und Befreiung

Nun gab es die Möglichkeit, mit einem Priester zu sprechen. Das Bändchen mit den gewählten Symbolen half dabei. Ich war nur am Anfang etwas nervös. Das Gespräch war dann sehr persönlich, und das war gut. Mit dem Priester konnte ich meine Gedanken ordnen. Er gab mir auch Mut und Impulse für meinen Lebensweg. Die anderen haben das auch so empfunden. Beim gemeinsamen Essen sagte einer: „Der Pfarrer hat übrigens gesagt, dass es gut ist, wie ich bin.“ Ich konnte sehen, wie sehr es ihn freute. Viele von uns bemalten danach in einem eigenen Raum ein Holzstück als Symbol für eine Erfahrung oder einen Gedanken aus dem Gespräch.

Abgeschrieben – festgenagelt?

Am Schluss stand ein Gottesdienst am Lagerfeuer. Wer wollte, konnte sein Holzstück den Flammen übergeben. Das war für mich Befreiung pur.

Zehn Jahre danach: Was ich heute denke

Für mich war der Versöhnungsweg eine sehr wichtige Erfahrung. Im Rückblick kann ich sagen: Ich habe eine neue Sicht und Klarheit gefunden. Seither bedeutet mir Wertschätzung viel. Ich möchte, dass andere mit mir wertschätzend umgehen. Und ich will das selbst auch verwirklichen. Ich versuche, in anderen das Gute zu sehen, das, was sie besonders macht. Das will ich würdigen. Das verdienen sie. Inzwischen kann ich sagen: Es ist wichtig, einen eigenen Standpunkt zu finden. Dabei hat mir der Versöhnungsweg geholfen. Das ist ein Ergebnis, und es wirkt bis heute.

1. Lies den Erfahrungsbericht von Veronika. Notiere Stichworte, an denen du hängen geblieben bist. Tauscht euch in Kleingruppen darüber aus.
2. „Netz“ und „Nägel“: Betrachte die Symbolbilder und überlege dir Situationen im Leben, für die diese Bilder stehen können. Begründe deine Wahl.
3. Schaut auf die bekannte Zachäusgeschichte (Lk 19, 1–10). Welche Anregungen kann sie für eine neue Sicht im Miteinander der Menschen geben?
4. Lies den Abschnitt „Zehn Jahre danach“ und gib mit eigenen Worten wieder, wie Veronika Versöhnung versteht. Beschreibe, wie sich das im Foto widerspiegelt.
5. Zur Firmung gehören die Gaben des Heiligen Geistes (vgl. S. 81). Inwiefern kann der Versöhnungsweg helfen, die Wirkung der Gaben des Heiligen Geistes zu erkennen?

Segnungen und ihre Rituale: Den Glauben erfahren im Alltag

Auch in alltäglichen Situationen öffnen sich Christen in vielfältiger Weise für die Nähe Gottes. Dabei spielt der Segen eine große Rolle. Segnen bedeutet „Gutes zusagen“: Segen ist die Zusage, dass Gott da ist und das Leben begleitet. Diese Zusage des Segens ist jeweils mit einem Ritual, also mit einer bestimmten Geste oder einer besonderen Handlung verbunden: einem Kreuzzeichen, einer Berührung an der Stirn, der Verwendung von Weihwasser, mit einer bestimmten Körperhaltung wie dem Stehen, Sitzen oder Knien. Auf diese Weise wird die Segenshandlung am Körper erfahrbar.

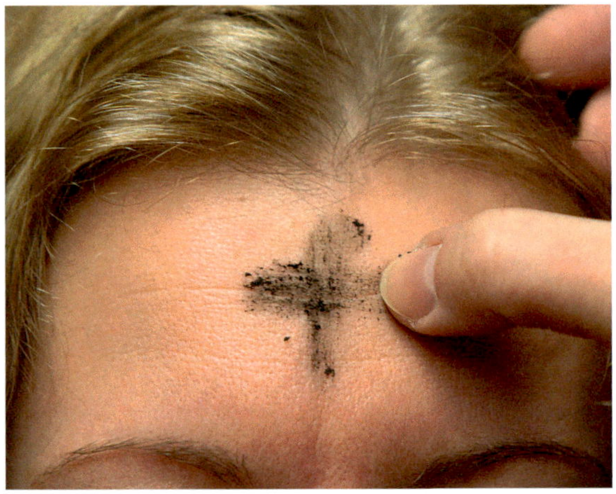

Auflegung der Asche an Aschermittwoch

Das Kreuzzeichen als Segenszeichen

Das Kreuz ist das wichtigste Segenszeichen. Das Wort „segnen“ kommt vom lateinischen *signare* für „(mit dem Kreuz) bezeichnen“.

Segnen mit dem großen Kreuzzeichen: Die ausgestreckten Finger der rechten Hand berühren die Stirn („Im Namen des Vaters“), die Brust („des Sohnes“) die linke und die rechte Schulter („und des Heiligen Geistes. Amen“). Wenn das Kreuzzeichen feierlich vollzogen wird, ruht die linke Hand auf der Körpermitte. Damit stellen sich die Christen unter den Schutz Gottes. Das große Kreuzzeichen hat seinen Ort in allen Gottesdiensten in der Kirche. Wenn der Gläubige die Kirche betritt, benetzt er die Finger seiner rechten Hand im Weihwasserbecken und „bekreuzigt“ sich; ebenso am Beginn des Gottesdienstes und beim Schlusssegen. Katholische Christen beginnen und beenden ihr Gebet üblicherweise mit dem großen Kreuzzeichen.

Segnen mit dem kleinen Kreuzzeichen: Mit dem Daumen wird ein Kreuz auf die Stirn gezeichnet. Manche Eltern machen dieses Segenszeichen ihrem Kind abends vor dem Einschlafen auf die Stirn oder wenn es morgens aus dem Haus geht und vertrauen es so Gott an.

Zum Beginn der Fastenzeit, an Aschermittwoch, wird die Stirn der Gläubigen in einem Gottesdienst mit Asche bekreuzigt, als Zeichen der Vergänglichkeit und der Aufforderung zur Umkehr. Dazu spricht der Spender: „Bedenke, Mensch, dass du Staub bist und wieder zum Staub zurückkehren wirst.“ Oder: „Bekehrt euch und glaubt an das Evangelium.“ Solche Segnungen in Gottesdiensten werden auch Sakramentalien genannt. Das Aschekreuz wird nach dem Gottesdienst von vielen Gläubigen noch den ganzen Tag auf der Stirn getragen.

Reisesegen

Wer sich auf eine Reise begibt, bricht meist auf, um Neues zu erleben und Erfahrungen zu machen. Man ist nicht mehr in seiner vertrauten Umgebung, Unvorhergesehenes geschieht, man hat nicht alles in den eigenen Händen.

Der Reisesegen spricht den Reisenden Gottes Beistand zu. Vor allem bei längeren Reisen oder Pilgerfahrten wird oft ein Reisesegen gespendet. Für Biker mit ihrem nicht ungefährlichen Hobby gibt es seit einigen Jahren eigene Motorradgottesdienste mit Reisesegen. Gerade sie erleben immer wieder, dass Situationen von anderen abhängen und sie nicht alles kontrollieren können.

Geh mit Gottes Segen.

Er halte schützend seine Hand über dir,
bewahre deine Gesundheit und dein Leben
und öffne dir Augen und Ohren
für die Wunder der Welt.

Er schenke dir Zeit,
zu verweilen, wo es deiner Seele bekommt.
Er schenke dir Muße,
zu schauen, was deinen Augen wohltut.
Er schenke dir Brücken,
wo der Weg zu enden scheint,
und Menschen,
die dir in Frieden Herberge gewähren.

Der Herr segne, die dich begleiten und dir begegnen.
Er halte Streit und Übles fern von dir.
Er mache dein Herz froh, deinen Blick weit
und deine Füße stark.

Der Herr bewahre dich und uns
und schenke uns ein glückliches Wiedersehen.

Gerhard Engelsberger

1. Tauscht euch zu zweit über die Bedeutung des Segens aus. Tragt Situationen des Alltags zusammen, in denen solche Gesten und Rituale als hilfreich erfahren werden können.
2. Das Kreuzzeichen hängt mit dem Symbol des Kreuzes zusammen. Zeichnet ein Kreuz in die Mitte eines Blattes und schreibt um das Kreuz Stichworte zur Symbolik von Kreuz und Kreuzzeichen.
3. Sammelt Ideen, warum das Aschekreuz zu einem Symbol der Vergänglichkeit und der Umkehr werden konnte.
4. Motorradgottesdienste sind beliebt. Am Ende wird ein Segen gesprochen. Formuliert einen solchen Reisesegen für Biker oder Radfahrer. Ihr könnt euch am Reisesegen oben orientieren.

Du bist …

T/M: HELGA POPPE

Du bist das Licht der Welt

2. So wie eine Lampe plötzlich Wärme bringt und Licht, wie der Strahl der Nebelleuchte durch die Sichtwand bricht, wie ein rasches Streichholz eine Kerze hell entflammt und dadurch die Dunkelheit verbannt!
Refrain: Du bist das Licht …

1. Singt das Lied oder hört es euch in der Klasse an. Tauscht eure Eindrücke aus.

2. Warum kann man sagen, dass das Lied ein Gebet an Jesus Christus ist, obwohl er nicht ausdrücklich genannt wird? Finde im Kapitel Anhaltspunkte dafür.

3. Im Lied kommen viele Symbole vor. Liste sie in deinem Heft auf und wähle jene aus, die am besten zum Bild auf S. 69 passen.

4. Schreibe einen Text, der mit den Worten beginnt: „Jesus Christus. Du bist …“. Versuche dabei ehrlich zu schreiben, was du über ihn denkst.

HINDUISMUS UND BUDDHISMUS – AUS DEM KREISLAUF DER WIEDERGEBURTEN AUSBRECHEN

5

Faszination Hinduismus und Buddhismus

Ein junger Mann sitzt über den Dächern einer Stadt und meditiert, eine Frau übt ▸ Yoga am Strand, ein Räucherstäbchen vor einer Buddha-Statue, eine Klangschale, Jugendliche werfen ausgelassen buntes Pulver auf einem Holi-Festival um sich: Solche Elemente aus östlichen Religionen, vor allem aus Hinduismus und Buddhismus, faszinieren viele Menschen in den westlichen Ländern Europas und den USA.

Yoga

Yoga ist eine aus Indien stammende jahrtausendealte Lehre. Sie besteht darin, durch Übungen Körper und Geist miteinander in Einklang zu bringen. Dabei spielt die Atmung eine große Rolle. Im Westen stehen Körperübungen im Mittelpunkt. Sie zielen darauf ab, Kraft, Beweglichkeit und Gleichgewicht zu entwickeln. Für westliche Menschen ist Yoga eine Technik, um Anspannung und Stress in ihrem Alltag entgegenzuwirken.

Meditation

Meditation ist im Hinduismus ein Teil des Yoga. Auch im Buddhismus hat die Meditation eine große Bedeutung. Es geht darum, Ruhe und Einsicht zu entwickeln. Vor allem im Westen hat sich eine bestimmte Form der Meditation verbreitet: Man sitzt aufrecht, achtet auf das Ein- und Ausatmen und lässt auch die Gedanken, die auftauchen, kommen und gehen. So kann sich mit der Zeit Ruhe und Klarheit einstellen. Auch Stille- und Entspannungsübungen in Schule und Betrieben gehen oft auf diese Form der Meditation zurück.

Klangschalen, Räucherstäbchen und Statuen

Klangschalen, Räucherstäbchen und Statuen, die in hinduistischen und buddhistischen Zeremonien eine Rolle spielen, werden in westlichen Ländern oft in Geschäften, Wohnungen oder Gärten als Dekoration verwendet, um eine bestimmte Atmosphäre zu erzeugen.

Holi-Fest

Das Holi-Fest ist das älteste Frühlingsfest im Hinduismus. Das „Fest der Farben“ symbolisiert Fruchtbarkeit sowie den Sieg des Guten über das Böse. Seit 2012 werden Holi-Festivals ohne den religiösen Hintergrund in unterschiedlichen Städten gefeiert.

1. Betrachte die Fotos und beschreibe, worin die Faszination dieser Elemente aus dem Hinduismus und Buddhismus für Menschen in westlichen Gesellschaften liegt.
2. Holi-Fest in Indien und Holi-Festivals in Deutschland: Recherchiere dazu auch im Internet und erläutere den Unterschied.
3. Sucht im Programm der nächstgelegenen Volkshochschule Angebote zu Yoga und Meditation und präsentiert, wie sie dort beschrieben werden.

Hinduismus, die älteste Weltreligion

Der Hinduismus ist eine über Jahrtausende gewachsene, vielfältige Religion. Ihr Ursprung liegt in Indien. Die Theologin Katharina Ceming aus Augsburg ist Expertin für den Hinduismus. Für *Religion verstehen* gibt sie Auskunft.

Der Hinduismus ist die drittgrößte Weltreligion. Woran glauben Hindus?

Dr. Ceming: Da sind wir schon bei einer ersten Besonderheit: Es gibt im Hinduismus gar keine einheitliche Glaubenslehre oder feste, für alle gültige Glaubenssätze, wie wir sie etwa vom Christentum oder vom Islam kennen. Wir begegnen einer schier unüberschaubaren Vielfalt von Göttern, Glaubensvorstellungen und Ritualen. Aber es gibt eine Grundlage, auf der das alles beruht: die alten heiligen Schriften Indiens, vor allem die *Veden* und die *Upanishaden*, die bis ins zweite Jahrtausend v. Chr. zurückreichen.

Worum geht es in diesen heiligen Schriften?

Dr. Ceming: Die Ursache von allem, so lehren es die heiligen Schriften, ist *Brahman*. Es ist nicht leicht zu beschreiben, was Brahman ist. Brahman ist ewig und unwandelbar, eine heilige, göttliche Kraft, die hinter allem steht, die „Weltseele". Brahman ist auch in jedem Menschen als ewige und unsterbliche „Seele" anwesend. Diese unsterbliche Seele im Menschen wird *Atman* genannt.

Brahman und Atman sind also eigentlich das Gleiche?

Dr. Ceming: Ja, so kann man das sagen. Atman und Brahman sind eins, es ist die gleiche göttliche Urkraft. Das Wort Atman ist übrigens verwandt mit dem deutschen „Atmen". Man kann es auch übersetzen mit „Lebenshauch" oder „Lebenskraft". Atman ruht tief verborgen in der individuellen Seele des Menschen. Es ist Aufgabe eines jeden, Atman in sich selbst zu erkennen.

Was ist, wenn ein Mensch in seinem Leben nicht zu dieser Erkenntnis kommt?

Dr. Ceming: Wenn der Mensch stirbt, löst sich Atman, die unsterbliche Seele, vom Körper dieses Menschen und sucht sich einen neuen Körper. Es kommt nach dem Glauben der Hindus zur sogenannten Wiedergeburt.

Was bedeutet die Wiedergeburt?

Dr. Ceming: Der wiedergeborene Mensch hat nun von Neuem die Möglichkeit, sich durch gutes, richtiges Handeln so weit zu reinigen, dass er am Ende in seinem Innersten Atman erkennen kann. Verhält er sich jedoch nicht gut und richtig, „verschmutzt" er seine Seele immer stärker und es ist ihm unmöglich, Atman zu erkennen. Dahinter steht die Überzeugung, dass alles, was wir im Leben tun, eine Spur hinterlässt, d.h. wir erzeugen durch unser Denken, Reden und Handeln *Karma*: gutes Karma, wenn wir Gutes getan haben, schlechtes Karma, wenn wir Schlechtes getan haben. Wer am Ende seines Lebens mehr gutes Karma erworben hat, wird eine bessere Wiedergeburt erleben als der, der mehr schlechtes Karma angesammelt hat. Der Mensch muss sehr oft wiedergeboren werden, um sein schlechtes Karma hinter sich zu lassen. Diesen Kreislauf des Werdens und Vergehens nennt man *Samsara*. Erst wenn der Mensch alles schlechte Karma überwunden hat, ist er aus dem Rad der ewigen Wiedergeburten erlöst.

Woher weiß der Mensch, was richtig und was falsch ist?

Dr. Ceming: Auch der Hinduismus kennt ein Gesetz, das den Menschen Wegweiser sein soll. Dieses Gesetz wird *Dharma* genannt. Es umfasst nicht nur Gebote und Verbote, sondern auch viele Regeln, die das Leben in der Familie und in der Gesellschaft betreffen, bis hin zur Hygiene und zur Essenszubereitung.

Gelten für alle die gleichen Regeln?

Dr. Ceming: Nein, denn typisch für den Hinduismus ist die Einteilung der Gesellschaft in bestimmte Schichten, das ▸ Kastensystem. Jeder Mensch wird entsprechend seines Karmas in eine bestimmte Kaste hineingeboren. Für jede Kaste gelten bestimmte Pflichten und Regeln.

Warum ist das Kastensystem für Hindus so wichtig?

Dr. Ceming: Das Kastensystem ist für Hindus Ausdruck der göttlichen Ordnung der Welt. Darum ist seine Bewahrung und Erfüllung für sie wichtig: Wenn ein Hindu seine speziellen Kastenpflichten erfüllt, schafft er sich damit gutes Karma und er kann in einer höheren Kaste wiedergeboren werden. Die Pflichten und Aufgaben der Kasten sind grundsätzlich in den heiligen Schriften festgehalten, aber es haben sich da im Laufe der Zeit auch Veränderungen und Entwicklungen ergeben.

Eine Frau bringt am Ganges ein Opfer aus Licht und Blüten dar. Der Ganges gilt als heiliger Fluss. Das Bad in ihm reinigt von schlechten Taten. Viele Hindus wollen am Ganges sterben und ihre Asche im Fluss verstreut wissen.

1. Atman wird im Deutschen oft mit „Seele“ wiedergegeben. Hältst du diese Übersetzung für geeignet? Begründe.
2. Teilt euch in Kleingruppen zu den Stichworten Wiedergeburt, Karma, Samsara und Dharma auf. Arbeitet ihre Bedeutung heraus und präsentiert die Ergebnisse.
3. Erläutert, inwiefern das Kastensystem in Indien religiös begründet wird und welche Folgen das für die Gesellschaft hat.
4. Betrachte das Bild. Welche innere Haltung der Frau kommt bei dem Ritual am Ganges zum Ausdruck? Fasse diese in einer Überschrift zum Bild zusammen.
5. Vergleiche das, was du auf dieser Seite über den Hinduismus erfahren hast, mit dem Christentum. Nenne einige Unterschiede.

Götter und Götterverehrung bei Hindus

Weltweit gehört fast eine Milliarde Menschen dem Hinduismus an. In Deutschland leben etwa 100 000 Hindus. Darunter sind viele Ingenieure und Softwareexperten aus Indien; aus Sri Lanka ist eine große Zahl vor dem dortigen Bürgerkrieg geflüchtet. Auch hier in Deutschland verehren sie ihre Gottheiten in einem Tempel oder vor einem Hausaltar. Sie feiern die Feste ihrer Religion und vollziehen ihre Rituale.

Der Hindu-Tempel in Hannover

So verbirgt sich in einem Bürogebäude am Alten Flughafen von Hannover seit 2015 ein Hindu-Tempel. In dem nüchternen Bürogebäude riecht es nach Sandelholz und Räucherstäbchen. Der Duft führt die Besucher in den ersten Stock. Ein farbenprächtiges Bild weist ihnen den Weg zum Tempel: ein Wesen mit einem Elefantenkopf im Schneidersitz. Frau Rajing Kumavaiah vom Tempel erzählt bei einem Rundgang über den Hinduismus. Sie geleitet die Besucher in einen großen Raum mit mehreren Stuhlreihen. An den Wänden hängen Bilder mit hinduistischen Gottheiten. „Der Tempel ist dem Gott Ganesha gewidmet“, erklärt Frau Kumavaiah. Die Legende erzählt, dass der Gott *Shiva* mit seiner Frau *Parvati* einen Sohn zeugte, den sie *Ganesha* nannten. Shiva ging auf eine Reise. Als er nach vielen Jahren zurückkehrte, sah er einen Fremden vor seinem Haus. Er schlug ihm den Kopf ab, ohne zu wissen, dass es sein Sohn war. Weil er seinen Fehler wiedergutmachen wollte, befahl er seinen Dienern, den Kopf des ersten Lebewesens zu bringen, das ihnen begegnete. Es war ein Elefant. Shiva setzte den Elefantenkopf auf den Rumpf von Ganesha, und er wurde wieder lebendig. „Ganesha ist sehr beliebt, denn er ist der Gott des Glücks und der Beseitiger aller Hindernisse.“

Puja im Tempel

Der hinduistische Priester im Ganesha-Tempel bereitet eine *Puja* (gesprochen: Pudscha) vor. Puja heißt „Verehrung“ und ist ein Gottesdienst mit vielen Ritualen, Gebeten, Gesängen und Opfergaben. Dazu gehören Wasser, Blumen, Räucherstäbchen, Lichter, die entzündet werden. „Bei einer Puja wird den Göttern Nahrung angeboten, und es werden heilige Verse, die sogenannten ▸ *Mantras* gesungen“, erklärt Frau Kumavaiah. Die Nahrung wird im Anschluss an die Zeremonie an die anwesenden Gläubigen verteilt. „Das bedeutet, dass jeder weiß, bei einer Puja gibt es etwas zu essen. Das Essen wird von den Gläubigen vorher gespendet. Teilen hat eine große Bedeutung im Hinduismus: Ich gebe, weil es mir gut geht und in Zukunft gut gehen soll.“

Ganesha mit seinen Eltern Shiva und Parvati als Statuen eines Tempels in der indischen Stadt Pune

Hindu-Priester im Ganesha-Tempel in Hannover bei einer Puja

Götter im Hinduismus

Anders als Christen glauben Hindus zwar nicht an *den* einen Gott, wohl aber an Brahman, die göttliche Weltseele. Sie ist eine heilige, ewige Kraft, die sich in jedem Wesen befindet und das ganze Universum durchdringt. Brahman zeigt sich besonders in den unzähligen Göttern des Hinduismus. Göttinnen und Götter sind die vielen unterschiedlichen „Gesichter" Brahmans: Sie werden in bestimmten Anliegen angerufen und verehrt. Häufig wählen sich hinduistische Familien einen Familiengott, unter dessen Schutz sie sich stellen. Verbreitet sind jedoch einige Hauptgötter, die überall verehrt werden.

Brahma, Vishnu und Shiva

Die drei Hauptgötter sind eine besondere Verkörperung von Brahman. Oft werden sie zusammen als ein dreiköpfiger Gott dargestellt oder als Kopf mit drei Gesichtern oder auch als drei Götter, die nebeneinandersitzen:

▸ *Brahma* ist der höchste und erste Gott des Hinduismus und Schöpfer des Universums.
▸ *Vishnu* ist der Bewahrer des Lebens. Er beschützt die Menschen und bekämpft das Böse.
▸ *Shiva* hat zwei Seiten: Er ist Zerstörer und Erneuerer. Als Gott des Todes ist er auch verantwortlich für neues Leben.

Bunte Götterwelt

Die Götter werden auf Bildern und Statuen vielfältig dargestellt: Einige haben freundliche Gesichter und tragen Blumen, andere blicken düster, sind – wie die Göttin ▸ *Kali* – mit Totenkopfketten geschmückt oder halten eine blutige Sichel in der Hand. Andere haben viele Arme oder Augen. Einige sitzen auf einer Lotosblume, andere reiten auf einer Ratte.

1. Beschreibe am Beispiel des Ganesha-Tempels von Hannover, wie Hindus ihre Religion ausüben.
2. Erläutere den Satz: „Brahman hat viele Gesichter." Gehe auch auf den Unterschied zwischen Brahman und Brahma ein.
3. Stelle dar, wie im Hinduismus die Vielzahl der Gottheiten mit dem Leben der Menschen zusammenhängt.
4. Gestaltet eine Präsentation zur Götterwelt des Hinduismus. Wählt in Partnerarbeit je eine Gottheit aus: Recherchiert weitere Informationen zu ihrer Darstellung, ihren Aufgaben und Wesensmerkmalen.

Mahatma Gandhis Kampf für die Wahrheit

Gewaltloser Widerstand

Indien im Jahr 1930: Das Land ist britische Kolonie. Es kämpft um Unabhängigkeit. Mahatma Gandhi führt den gewaltlosen Widerstand an und ruft zu zivilem Ungehorsam auf. Die politische Situation ist äußerst angespannt.

Für den 21. Mai ist eine Großaktion geplant: Schon zuvor hat es den berühmten ▸ Salzmarsch gegeben, bei dem Gandhi verhaftet worden war. Nun versammeln sich Tausende von Freiwilligen vor dem Salzwerk Dharasana. Ein einziger ausländischer Journalist schafft es, vor Ort zu sein. Der folgende Bericht ist sein Augenzeugenbericht, den er direkt nach den Ereignissen nach London telegrafierte.

Vormarsch auf Salzwerk in Indien

Einheimische durch Polizei niedergeknüppelt

von WEBB MILLER

DHARASANA, Indien, 21. Mai 1930

Gebete wurden gesprochen und ganz in Weiß gekleidete Freiwillige knieten im Mondlicht nieder. Eine flammende Rede der Dichterin Sarojini Naidu (...) eröffnete heute die Massenkundgebung von 2500 Unabhängigkeitskämpfern am Salzwerk von Dharasana.

Sie (...) forderte ihre Gefolgsleute auf, das Werk zu besetzen. Im Verlauf dieser Aktion wurden 260 Menschen verletzt und sie selbst wurde verhaftet.

„Gandhis Körper ist im Gefängnis, aber seine Seele ist mit euch", rief sie leidenschaftlich und forderte die Freiwilligen auf, zur Tat zu schreiten.

Die Freiwilligen marschierten in Reihen vor. Ihre Anführer trugen Seile und Drahtscheren mit sich. Sie rückten langsam vor – wie eine Geisterprozession – auf ihrem eine halbe Meile weiten Marsch zu den Salzwerken.

Vierhundert Polizisten hielten ihre Knüppel bereit und etwa 25 drohten offen mit ihren Gewehren, als die Demonstranten näher kamen. Es gab einige anfeuernde Rufe und die Anführer versuchten mit ihren Seilen die Pfosten, an denen der Stacheldraht befestigt war, aus der Verankerung zu reißen. Die Polizei stürzte vor und befahl, die Gruppe solle sich zerstreuen. Die Freiwilligen weigerten sich.

Die Polizisten griffen an, und es hagelte Knüppelhiebe von allen Seiten. Die Freiwilligen leisteten keinen Widerstand. Die Polizei drosch mit ihren Knüppeln auf sie ein und die Einheimischen sackten einfach zu Boden.

Noch in fast 100 Metern Entfernung konnte ich den dumpfen Schlag hören, mit dem die Knüppel auf ihren Körper trafen. Die umstehende Menge stöhnte und schrie auf, wenn sich die Freiwilligen vor der Polizei zusammenkrümmten und dabei nicht einen einzigen Arm hoben, um die Hiebe abzuwehren. Mit einer fast unbegreiflichen Sanftmut ließen sie sich niederknüppeln. (...)

Mahatma Gandhi auf dem „Salzmarsch“. Rechts neben ihm die Dichterin und Politikerin Sarojini Naidu, April 1930

Gandhis Leben und Botschaft

Wer war Gandhi? Er wurde 1869 im indischen Bundesstaat Gujarat geboren. Der junge Hindu studierte in London. Später ging er als Rechtsanwalt nach Südafrika. Dort erfuhr Gandhi die Rassentrennung am eigenen Leibe. Er begann sich dagegen zu wehren – gewaltlos.

1915 kehrte Gandhi nach Indien zurück und rief eine Bewegung ins Leben, die für die Unabhängigkeit Indiens kämpfte. Gandhi nannte seine Bewegung „Satyagraha“, das übersetzt wird mit „Festhalten an der Wahrheit“. Im Mittelpunkt der Bewegung steht Gewaltlosigkeit. Diese hat eine lange Tradition im Hinduismus. Durch den gewaltlosen Kampf machte Gandhi die Wahrheit über die koloniale Unterdrückung in Indien für alle Welt sichtbar. Gewaltlosigkeit verstand Gandhi aber nicht nur als Abwesenheit von Gewalt, sondern auch als gelebte Nächstenliebe angesichts von Hass. Das ist seine Botschaft. Auf die Nähe seines Glaubens zur ▸ Bergpredigt Jesu hat Gandhi immer wieder hingewiesen. Millionen Menschen folgten Gandhi und seinem Beispiel. Seine Anhänger nannten ihn „Mahatma“ – das bedeutet „Große Seele“.

1947 war das große politische Ziel erreicht: Indien erhielt die Unabhängigkeit. Das Land wurde wegen der zunehmenden Feindseligkeiten zwischen Hindus und Muslimen jedoch geteilt: Die beiden Staaten Pakistan und Indien entstanden. Es kam zu bürgerkriegsähnlichen Konflikten. Gandhi wurde 1948 von einem fanatischen Hindu erschossen. Doch der „Geist“ Gandhis lebt weiter. Auch der Bürgerrechtler Martin Luther ▸ King war von ihm beeinflusst.

Gewaltlosigkeit ist die größte Kraft, die dem Menschen geschenkt worden ist. Wahrheit ist das einzige Ziel des Menschen. Denn Gott allein ist die Wahrheit. Doch die Wahrheit kann niemals erreicht werden, außer durch die Gewaltlosigkeit.

Mahatma Gandhi

1. Lest den Bericht von Webb Miller und tauscht euch darüber aus, was euch beeindruckt oder auch verstört hat.
2. Gestaltet zu zweit ein Info-Blatt[M] zu Leben und Botschaft von Gandhi. Sucht dafür Bilder und weitere Informationen.
3. Für Menschenrechtsbewegungen ist Mahatma Gandhi mit seinem Prinzip des gewaltlosen Widerstands und seiner Methode des zivilen Ungehorsams bis heute Vorbild. Erläutert, was das Besondere daran ist und worin seine Wirkung besteht.
4. Wahrheit und Gewaltlosigkeit einerseits, Lüge und Gewalt andererseits gehören für Gandhi zusammen. Diskutiert, inwiefern dies zutrifft.
5. Lest die Seligpreisungen aus der Bergpredigt (Mt 5,3–12). Arbeitet heraus, warum diese Sätze für Gandhi so wichtig waren.

Siddhartha Gautama – der Begründer des Buddhismus

Die zweite große Weltreligion, die aus Indien stammt, ist der Buddhismus. An ihrem Ursprung steht eine große Gründergestalt: Siddhartha Gautama, der Buddha. Über ihn gibt es eine berühmte Legende, die erzählt, wie er sich auf die Suche machte.

Die Legende von den vier Ausfahrten

Der junge Siddhartha Gautama wuchs in einem großen Palast mit allem Reichtum auf. Kein Vergnügen war ihm versagt. Doch eines Tages verließ er ihn und begab sich mit einer Kutsche auf eine Ausfahrt.

Als er durch das östliche Palasttor in die Parkanlagen hinausfuhr, sah er einen abgezehrten alten Mann. Da sprach Siddhartha zu seinem Wagenlenker: „Was ist mit diesem kraftlosen und schwachen Menschen?“ Der Wagenlenker antwortete: „Dies, o Herr, ist ein Mann, den das Alter überwältigt hat.“ Und Siddhartha fragte: „Ist das Altern nur für seine Familie erblich oder ereilt es auch andere Menschen?“ „O Herr“, antwortete der Wagenlenker, „das Altern findet jegliches Geschöpf. Es gibt keinen Ausweg für irgendjemand!“ Und Siddhartha sagte: „Was sollen alle Vergnügungen, wenn das Alter auch von mir Besitz ergreift?“

Ein andermal zog er mit der Kutsche durch das südliche Palasttor. Und er sah auf dem Weg einen Mann, der von Krankheiten befallen war. Und Siddhartha fragte: „Wagenlenker, was ist mit diesem Menschen?“ Und dieser antwortete: „O Herr, dieser Kranke ist dem Tod nahe. Auch Krankheit ereilt jeden Menschen, ob hoch oder niedrig, reich oder arm.“ Und Siddhartha sagte: „Wer kann bei alledem noch Freude an der Schönheit empfinden?“

Und wieder zu einer anderen Zeit fuhr Siddhartha zum westlichen Tor hinaus. Er sah, wie man einen Toten dahertrug, dessen Leichnam in ein Tuch gehüllt war. Viele Verwandte gaben ihm das Geleit und alle schrien und weinten. Und wieder fragte Siddhartha den Wagenlenker: „Was ist mit diesem Menschen?“ Der Wagenlenker antwortete: „Der Tod hat ihn abberufen. Er wird seine Angehörigen und Freunde nie mehr wiedersehen.“ Und Siddhartha sprach: „O, wenn es die mächtigen Leiden Alter, Krankheit und Tod doch nicht gäbe!“ Und sie kehrten in den Palast zurück.

Und schließlich zu einer anderen Zeit zog Siddhartha mit dem Wagen durch das nördliche Tor hinaus. Und er sah einen Bettelmönch, der ruhig, gelassen und in Würde dahinschritt. Und Siddhartha fragte wieder: „Was ist das für ein Mann, der mit beruhigtem Gemüt dahingeht?“ Der Wagenlenker antwortete: „Dieser ist ein Mönch, der seine Wünsche aufgegeben hat und frei von Leidenschaft und Hass seinem Bettelgang nachgeht.“ Und sie wandten den Wagen um und fuhren in den Palast zurück.

Tief erschüttert von dem Leid der Menschheit fasste Siddhartha den Entschluss, den Palast endgültig zu verlassen. Er machte sich als Bettelmönch auf den Weg, um Alter, Krankheit und Tod zu überwinden.

Siddharthas Weg zum Buddha

Herkunft: Siddhartha Gautama lebte um 500 v. Chr. in Nordindien. Er stammt aus einer Krieger- und Beamtenkaste. Sein Vater regierte die Republik Shakya, die Mutter starb, als er wenige Tage alt war. Im Alter von 16 Jahren wurde er verheiratet. Mit 29 Jahren, kurz nach der Geburt seines Sohnes, verließ er die Familie, um das Ende des Leids zu suchen. Viele Legenden ranken sich um sein Leben.

Suche und Erleuchtung: Als Bettelmönch machte er sich zu berühmten Lehrern auf. Er schloss sich Asketen an, die sich von der Welt zurückzogen und durch Enthaltsamkeit und Verzicht Erfüllung suchten. Dabei magerte er bis auf die Knochen ab, sodass er fast gestorben wäre. Schließlich erkannte er, dass dies eine Sackgasse war und er seinen eigenen Weg finden musste. Es wird erzählt, dass er sich zur Meditation unter einen Baum in Bodhgaya setzte und beschloss, nicht eher wieder aufzustehen, bis ihm das Licht der Erkenntnis zuteilgeworden sei. Nach vielen Tagen wurden ihm in tiefer Meditation die Ursachen des Leidens bewusst und er erkannte den Weg zur Befreiung. So erwachte Siddhartha Gautama im Alter von 35 Jahren zum „Buddha", zum „Erleuchteten". Der Bodhi-Baum, unter dem die Erleuchtung geschehen sein soll, ist bis heute der Hauptpilgerort der Buddhisten.

Stifter des Buddhismus: Er begab sich nach Benares (heute: Varanasi) am heiligen Fluss Ganges, um sein Wissen zu teilen. Über 45 Jahre lang zog Buddha lehrend durch Nordindien. Viele Männer und Frauen schlossen sich ihm an. Er gründete eine Gemeinschaft und setzte sich dabei über alle Kastenschranken hinweg. Buddha starb im Alter von 80 Jahren. Er wurde zum Begründer und Stifter des Buddhismus, der sich in den folgenden Jahrhunderten weit über Indien hinaus nach Süd- und Ostasien ausbreitete. Mit der Zeit entwickelten sich unterschiedliche ▸ Richtungen des Buddhismus.

Buddha unter dem Bodhi-Baum (von *bodhi*, „Erwachen, Erleuchtung"), Wandmalerei im Yongju-Tempel in Südkorea

1. Erzählt die Legende von den vier Ausfahrten nach und erläutert, warum Siddhartha Gautama sein luxuriöses Leben hinter sich ließ und sich als Bettelmönch auf die Suche machte.
2. „Wenn ich mir alle Wünsche erfüllen kann, werde ich glücklich sein." Was würde Buddha zu diesem Satz sagen? Nimm auch selbst dazu Stellung.
3. Betrachte das Bild und beschreibe, wie es die „Erleuchtung" des Buddha zum Ausdruck bringt.
4. Recherchiert, z. B. im Internet, die heutige Verbreitung des Buddhismus. Präsentiert eure Ergebnisse.

Buddhas Weg zur Befreiung

Was lehrte Buddha? Der Buddha zeigte einen Weg zur Befreiung von Leiden. Dargelegt hat er diesen Weg in seiner berühmten Lehrrede von den „Vier edlen Wahrheiten". Diese geben Antworten auf vier grundlegende Fragen: Was ist Leiden? Wie entsteht Leiden? Wie kann Leiden überwunden werden? Was ist der Weg zur Aufhebung des Leidens?

Die vier edlen Wahrheiten

1. **Das ist die edle Wahrheit vom Leiden**
   Geburt ist Leiden, Alter ist Leiden, Krankheit ist Leiden, Tod ist Leiden. Mit jemand zusammen sein, den man nicht liebt, ist Leiden, von jemand getrennt sein, den man liebt, ist Leiden. Das nicht zu erlangen, was man begehrt, erstrebt und ersehnt, ist Leiden.
2. **Das ist die edle Wahrheit vom Entstehen des Leidens**
   Leiden entsteht durch Anhaftung, durch Festhalten an vergänglichen Dingen, durch Begierde und Hass.
3. **Das ist die edle Wahrheit vom Vergehen des Leidens**
   Leiden hört auf durch Aufgeben des Begehrens und der Ichbezogenheit.
4. **Das ist die edle Wahrheit vom Weg, der zur Befreiung vom Leiden führt**
   Es ist dies der edle achtfache Pfad, nämlich: rechte Ansicht, rechte Absicht, rechte Rede, rechtes Handeln, rechter Lebenserwerb, rechtes Bemühen, rechte Achtsamkeit und rechte Sammlung.

NACH DER ERSTEN LEHRREDE BUDDHAS IN BENARES

Der Buddhismus ist aus dem Hinduismus entstanden und teilt mit ihm

- die Vorstellung von *Samsara*, dem leidvollen Kreislauf von Werden und Vergehen,
- das Gesetz des *Karmas*, also die Überzeugung, dass alles Tun Folgen hat,
- und das Bemühen, aus diesem Kreislauf auszubrechen.

Im Hinduismus endet dieser Kreislauf, wenn der Mensch sich so weit reinigen konnte, dass er das Göttliche, Atman, in sich erkennt. Dann vereinen sich Atman und Brahman, und die Seele des Menschen wird nicht mehr wiedergeboren. Im Buddhismus wird das Ziel *Nirwana* (wörtlich: Erlöschen) genannt. Dieses Ziel erreicht, wer an nichts mehr festhält. Nirwana ist ein Zustand der vollkommenen Gelassenheit: Alles zwanghafte Wollen, das Unfrieden und Leiden schafft, ist nun zur Ruhe gekommen. Für diese Befreiung aus dem Kreislauf von Samsara muss man bereit sein, loszulassen und sich selbst zu verändern. Eine Hilfe auf diesem Weg ist vor allem der ▸ achtfache Pfad: Er ist Buddhas Wegweiser für ein gutes Leben.

Ausbrechen aus dem Leiden

Der Mensch kann sich nach buddhistischer Vorstellung selbst aus Samsara befreien. Er muss sich von allen „Anhaftungen", von allen Begierden und Wunschvorstellungen lösen. Sehr anschaulich wird dies im *Rad des Lebens* oder *Rad von Samsara* dargestellt. Um den Mittelpunkt treiben Gier (Hahn), Hass (Schlange) und Unwissenheit (Schwein) das unheilvolle Rad an, so als würden sie sich gegenseitig in den Schwanz beißen. Das verhängnisvolle Anhaften an diesen „Geistesgiften" ist rechts um den Kreis dargestellt; das schrittweise Loslassen der Begierden dagegen links.

Buddhismus und Christentum

Christentum und Buddhismus kennen viele Gemeinsamkeiten: Jesus und Buddha haben Jünger um sich geschart und auf langen Wanderungen ihre Lehre in Predigten und Gleichnissen mündlich verkündet, die dann später aufgeschrieben wurden. Beiden werden wunderbare Taten zugeschrieben. Beide verbieten Töten, Diebstahl, Lüge und warnen vor Hass, Gier und Verblendung. Beide betonen Selbstlosigkeit und Mitgefühl. Im Verständnis der Erlösung gibt es jedoch wichtige Unterschiede.

Im Christentum geschieht die Erlösung durch die Liebe Gottes, seine Zuwendung zu den Menschen. In der Bibel heißt es, dass Gott aus dieser Liebe seinen Sohn gesandt hat, um die Menschen zu erlösen (Joh 3,16). Im christlichen Verständnis kann sich der Mensch nicht selbst erlösen, weil er sich immer wieder in Schuld und Selbstbezogenheit verstrickt. Gott kommt ihm jedoch in Jesus Christus entgegen, wie der barmherzige Vater dem verlorenen Sohn (Lk 15,11–31). In der Nachfolge Jesu und seiner Lehre findet der Mensch sein „Heil".

Die drei „Geistesgifte" treiben das Rad von Samsara an.
Ausschnitt aus einer Wandmalerei in Nepal, 20. Jh.

1. Lest „die vier edlen Wahrheiten" laut in der Klasse. Tauscht eure Eindrücke aus: Inwiefern spiegeln diese Sätze eure Erfahrungen wider und inwiefern nicht?
2. Betrachte die Darstellung des achtfachen Pfades im Lexikon auf der S. 111. Gestalte ein eigenes Radbild in deinem Heft. Beschrifte die Speichen. Fasse danach die Bedeutung des achtfachen Pfades in einem Satz zusammen.
3. Stelle anhand der Abbildung oben dar, wie die drei „Geistesgifte" das Rad von Samsara antreiben. Deute auch die Darstellungen in den zwei Hälften des äußeren Kreises.
4. Vergleicht die Vorstellung von Erlösung im Buddhismus und im Christentum und arbeitet die Unterschiede heraus.

Mönche und Nonnen

Buddha gründete eine Mönchsgemeinschaft, den *Sangha*. Zuerst nur für Männer, später auch für Frauen. Sein Ziel ist die Verwirklichung des *Dharmas*, der Lehre Buddhas.

Ein Mönch in Myanmar auf seinem Almosengang

Leben in Abhängigkeit und Einfachheit

Zum Zeichen des Eintritts in den Orden werden Mönchen und Nonnen die Haare geschoren und sie erhalten eine Robe, die aus Flicken besteht. Sie führen ein Leben im ▸ Zölibat, dürfen kein Geld besitzen und leben von den Almosen, die ihnen von den Gläubigen gegeben werden. Damit hat es eine besondere Bewandtnis: Der Buddha hat nämlich am Anfang der Ordensgründung genau diese Abhängigkeit der Mönche und Nonnen von der Dorfbevölkerung beabsichtigt. Sie dürfen sich nicht selbst versorgen, etwa Obst und Gemüse anbauen, damit sie sich nicht von der Welt abkapseln. Sie sollen also von „Nutzen" sein für die Menschen. Sie sollen auch leicht versorgt werden können. Aus Wertschätzung erhalten sie von Nicht-Ordinierten, von den sogenannten „Laien", das, was ihr Körper zum Leben braucht. Mönche und Nonnen teilen dafür mit ihnen die Lehre als „geistige Nahrung".

Edle Freundschaft

Die Mönche und Nonnen verlassen Familie und Beruf und ziehen in die „Hauslosigkeit", um konsequent Buddhas Weg zur Befreiung vom Leiden zu gehen. Diesen Weg gehen sie in der Regel nicht allein, sondern in einer Gemeinschaft. Sie folgen damit den Worten des Buddha, der einmal gesagt hat: „Edle Freundschaft macht das ganze Leben aus." Zur Förderung eines harmonischen Zusammenlebens hat der Buddha mit der Zeit Regeln erlassen. Diese sollen aber nicht belasten, sondern ein leichtes Leben ermöglichen, frei von schlechtem Gewissen und Sorgen.

Die drei Juwelen

Ich nehme meine Zuflucht zum Buddha.
Ich nehme meine Zuflucht zum Dharma.
Ich nehme meine Zuflucht zum Sangha.

Buddha, Dharma und Sangha werden im Buddhismus die „drei Juwelen" genannt. Die Formel mit den drei Zufluchten sprechen viele Buddhisten täglich, vor allem aber Mönche und Nonnen, als Ausdruck ihres Glaubens.

Tagesablauf im Waldkloster Wat Pah Pong im Nordosten Thailands

Das tägliche Leben beginnt um 3 Uhr morgens mit einer gemeinsamen ▸ Rezitation und Meditation. Bei Sonnenaufgang wandern die Mönche barfuß zwischen drei und zwölf Kilometer weit, um das Almosenessen in verschiedenen, nahe gelegenen Dörfern zu sammeln. Bei ihrer Rückkehr wird das Essen zu gleichen Teilen in die Almosenschalen verteilt. Das Verzehren der einzigen Mahlzeit am Tag beginnt mit einer Segnung. Nach dem Aufräumen kehren die Mönche von 9.30 Uhr bis 15.00 Uhr für eine Zeit der Meditation, des Studiums oder der Arbeit in ihre Hütten zurück, oder sie schließen sich verschiedenen Klosterprojekten an, wie dem Bau neuer Hütten. Um 15.00 Uhr werden alle herbeigerufen, um frisches Wasser aus dem Brunnen zu holen sowie das Gelände zu fegen. Nach dem Bad um 18.00 Uhr versammeln sich die Mönche wieder zur Abendrezitation und den regelmäßig stattfindenden Dharmavorträgen. Nachdem sie in ihre Hütten zurückgekehrt sind, benutzen sie die späten Abendstunden zur stillen Sitz- und Gehmeditation und als eine Zeit, in der sie den Klängen des Waldes lauschen.

1. Beschreibt, was das Leben eines buddhistischen Mönchs oder einer Nonne ausmacht. Erläutert: Was bedeutet Verzicht für sie?
2. Vergleicht den Tagesablauf der buddhistischen mit dem der christlichen Mönche. Worin liegen Gemeinsamkeiten und Unterschiede?
3. Stellt dar, was mit den „drei Zufluchten" des Buddhismus gemeint ist. Sucht Gründe, warum man sie „Juwelen" nennt.
4. Wer in ein Benediktinerkloster eintritt, lässt sein bisheriges Leben hinter sich. Besprecht miteinander, welche Beweggründe zu einem solchen Schritt führen können.

Mönche und Nonnen im Christentum

Der Benediktinerorden ist einer der ältesten christlichen Orden. Es gibt Männer- und Frauenzweige. Die Mönche und Nonnen verlassen ihren Beruf, verzichten auf Ehe, Familie und Eigentum, um Gott zu suchen und ganz in seiner Gegenwart zu leben. Zur Hinwendung zu Gott gehört auch die Zuwendung zu den Menschen. Ihr Leitspruch lautet: *Ora et labora – Bete und arbeite.*

Bruder Longinus war früher Soldat in Afghanistan. Heute lebt er als Mönch in der Erzabtei St. Martin zu Beuron.

Tagesablauf im Benediktinerkloster in Beuron, Baden-Württemberg

5.00 Uhr Morgenlob: In der Klosterkirche singen die Mönche etwa eine Stunde lang Psalmen, hören Lesungen. Stille
6.30 Uhr Frühstück: Es wird im Speisesaal schweigend eingenommen.
7.30 Uhr Gebet: Besondere Bitte um den Heiligen Geist für den heutigen Tag
8.00 Uhr Arbeit: Die Mönche begeben sich an ihren Arbeitsplatz in Verwaltung, Bibliothek, Gärtnerei, Werkstatt, Schreibtisch und vieles mehr.
11.00 Uhr Feierliche Messe: Feier der Gegenwart Gottes
12.15 Uhr Gebet in der Mitte des Tages
12.30 Uhr Gemeinsames Mittagessen: Im Speisesaal wird aus der Heiligen Schrift oder aus anderen Büchern vorgelesen.
13.00 Uhr Mittagsruhe
14.00 Uhr Arbeit
18.00 Uhr Abendlob: In der Klosterkirche sagen die Mönche Danke für den Tag.
18.45 Uhr Abendessen
Danach Erholung: Gemeinsame Zeit zum Ausklang des Tages
19.55 Uhr Nachtgebet: Danach nächtliche Stille

Verkörperung des Mitgefühls: Der XIV. Dalai Lama

„Ich bin ein einfacher buddhistischer Mönch“

Er ist das Oberhaupt des tibetischen Buddhismus, aber er sagt von sich: „Ich bin ein einfacher buddhistischer Mönch.“ Mit seiner bescheidenen und warmherzigen Art, die jeden berührt, der ihn erlebt oder sieht, hat der Dalai Lama den Buddhismus in den westlichen Gesellschaften sehr bekannt gemacht. „Dalai Lama“ – das ist kein Name, sondern ein Titel. Häufig wird er übersetzt mit „Ozean der Weisheit“ oder „ozeangleicher Lehrer“. Er tritt für Gewaltlosigkeit, Mitgefühl und Versöhnung ein. Das ist tief in seiner Religion verankert.

„Meine Religion ist Freundlichkeit“

Seine Religion erklärt der Dalai Lama so: „Hier ist meine einfache Religion: Wir brauchen keine Tempel und keine komplizierte Philosophie. Unser eigener Geist und unser eigenes Herz sind unser Tempel. Unsere Philosophie ist einfach Freundlichkeit.“ Wer so denkt, hat Hass überwunden. Er teilt die Menschen nicht in Freunde und Feinde ein. Das hätte anders kommen können bei dem, was der Dalai Lama erlebt hat.

„Als ich sechzehn war, verlor ich in einem doppelten Sinn meine Heimat“

1935 wird er in einem kleinen Dorf im Nordosten Tibets als Lhamo Thondup geboren. Als der XIII. Dalai Lama starb, begaben sich Mönche – wie es die Tradition vorsieht – auf die Suche nach dem neuen, wiedergeborenen Dalai Lama. Sie finden ihn in diesem kleinen Jungen: Mit fünf Jahren wird er als der neue Dalai Lama mit dem Mönchsnamen Tenzin Gyatso eingesetzt. Bereits mit 16 Jahren überträgt man ihm die politische Verantwortung für Tibet.

Ein schweres Amt, denn damals hatten die Chinesen den östlichen Teil Tibets besetzt. Die Bevölkerung lehnte sich gegen die chinesische Besatzung auf und es kam zu Unruhen. Der Dalai Lama versuchte zu vermitteln und sich mit China friedlich zu einigen. Doch vergeblich: 1959 gab es einen Volksaufstand, der blutig niedergeschlagen wurde. Es heißt, dass dabei im Verlauf mehr als 80 000 Tibeter ums Leben kamen. Der gerade einmal 24-jährige Dalai Lama musste nach Indien fliehen, wo er bis heute im Exil lebt. Tibet fand keine Ruhe und wird seither von China beherrscht. Die Tibeter dürfen ihre Kultur und Religion nur sehr eingeschränkt ausüben. Rund 130 000 Tibeter leben mittlerweile im Exil. Viele tragen das Bild des Dalai Lama mit sich, das in Tibet selbst verboten ist. Er gilt ihnen auch als Verkörperung des ▸ Bodhisattva des Mitgefühls. Mitgefühl ist eine Haltung, die im Buddhismus sehr wichtig ist: Dahinter steht die Verbundenheit mit allen Lebewesen, die Anteilnahme an ihrem Leiden und der Wunsch zu helfen.

Botschafter des Friedens

Schon seit 1973 verließ der Dalai Lama immer wieder sein Exil, um auf Vortragsreisen die buddhistische Lehre für heutige Menschen verständlich zu machen. Als Freund des Christentums war er oftmals Gast im Vatikan. 1987 legte er einen Fünf-Punkte-Friedensplan für Tibet vor. Doch der Plan scheiterte, obwohl der Dalai Lama in seiner Kompromissbereitschaft sehr weit ging und nicht mehr die Unabhängigkeit Tibets verlangte. Für seinen Einsatz um eine gewaltlose Lösung des Tibetkonflikts wurde ihm 1989 der Friedensnobelpreis verliehen. Nicht zuletzt deshalb ist er für viele Menschen weltweit ein Botschafter des Friedens.

Über den Frieden

Die Tatsache, dass die Menschheit heutzutage offensichtlich einem Netzwerk gleicht, legt nahe, dass der einzige Frieden, von dem zu sprechen einen Sinn macht, der Weltfrieden ist. (...)
Jeder von uns spielt dabei eine Rolle. Wenn wir uns – jeder für sich – innerlich „entmilitarisieren“, indem wir unseren negativen Gedanken und Gefühlen Einhalt gebieten und positive Eigenschaften entwickeln, schaffen wir die Voraussetzung für eine äußere Abrüstung. Ein echter, dauerhafter Weltfrieden wird nämlich nur möglich sein, wenn jeder von uns sich von innen heraus darum bemüht.

Über das Mitgefühl

Ich bezeichne Mitgefühl als das globale Hauptnahrungsmittel.

DALAI LAMA

Der Dalai Lama in Frankfurt am Main, 2009

1. Gestaltet ein Plakat zum Lebenslauf und zur Bedeutung des XIV. Dalai Lama. Ihr könnt auch eine digitale Präsentation entwerfen.
2. Erklärt, wie nach dem Dalai Lama jeder zum Weltfrieden beitragen kann. Diskutiert seine Position.
3. Nennt Gründe, warum viele Tibeter das Bild des Dalai Lama heimlich bei sich tragen.
4. Mitgefühl ist ein Schlüsselwort für die Botschaft des Dalai Lama. Führt ein Schreibgespräch zum Zitat oben über die Bedeutung von Mitgefühl. Diskutiert auch darüber, was das für die Schule heißen könnte.

Besinnung und Stille

In den Religionen haben Besinnung und Stille eine große Bedeutung. Sich vom Alltag zurückziehen, zurücktreten, sich besinnen, die Stille suchen, sich klarer werden über das, was wichtig ist, gehört zu allen Religionen. Denn Religion ist etwas, das in gewisser Weise „hinter“ dem Alltag liegt und doch für den Alltag große Bedeutung hat. So vielfältig die Religionen sind, so vielfältig sind die Arten der Besinnung und der Stille: Gebet, Meditation, unterschiedliche Gottesdienste, Pilgern und vieles mehr.

Im Hinduismus

Sadhus: Sie gelten in Indien als heilige Männer. Sie leben enthaltsam, suchen die Stille und sind Menschen, die der Welt „entsagt“ haben. Manche begnügen sich mit irgendeinem Platz in der Nähe eines Tempels. Andere leben in Höhlen oder sind auf ständiger Wanderschaft und leben von Almosen. Sie befinden sich auf der letzten Stufe eines idealen Hindulebens, das sich vom Samsara der Welt lossagt. Ihr Leben widmen sie ganz der Suche nach Erlösung. Sie werden deshalb sehr respektiert.

Nyepi: Nyepi ist ein „Tag der Stille“. Er ist der höchste hinduistische Feiertag in Bali und vielen Teilen Indonesiens. Als der erste Tag des neuen Jahres wird er auch „Balinesisches Neujahr“ genannt und dient dem Fasten und der Meditation. Es ist ein Tag der absoluten Stille: Jegliche Vergnügungen sind verboten. Es wird nicht gearbeitet, die Gläubigen halten sich in den Häusern auf, Licht und Feuer bleiben aus, weder Radio- noch Fernsehsendungen werden ausgestrahlt. Das Leben steht still. Der Sinn von Nyepi ist eine tiefe Besinnung: Das schlechte Alte des vergangenen Jahres soll zurückgelassen werden und das Leben soll mit dem neuen Jahr neu beginnen.

Im Buddhismus

Schon Siddhartha Gautama hatte sich vom Alltag zurückgezogen und ist als Einsiedler durch Meditation den Weg der Erleuchtung gegangen. Eine der vielfältigen Meditationsformen, die aus diesem Weg Buddhas hervorgegangen sind, ist die Zen-Meditation.

Zen: Zen heißt übersetzt „Meditation, Versenkung“. Der Zen-Meditierende sitzt aufrecht im sogenannten Lotussitz (vgl. die Sitzhaltung auf S. 97), wird in der Stille ruhig, lässt seine Gedanken ziehen und konzentriert sich auf seinen Atem und seine Körperhaltung im gegenwärtigen Augenblick.

Meditation der Silbe Om

Sowohl im Hinduismus als auch im Buddhismus gilt Om als heilige Silbe. Nach den alten indischen Schriften ist Om der Urklang, aus dem das ganze Universum entstanden ist. Om umfasst alles, was war, was ist und was sein wird. Die Versenkung in Om kann in vielfältiger Weise geschehen, als Ton: summend, betend und rezitierend, oder auch als Gestaltung des Schriftzeichens Om in einem Mandala (Kreisbild). Solche Mandalas werden z. B. gezeichnet, mit Sand oder Gewürzen, oder auch mit Blättern und Früchten gelegt. Viele ▸ Mantras, die im Hinduismus und Buddhismus rezitiert werden, beginnen mit der Silbe Om. Das Zeichen Om wird oft als Symbol für die Weltreligion des Hinduismus benutzt.

Im Christentum

Auch Jesus hat sich in der Wüste aufgehalten und sich immer wieder an einsame Orte zurückgezogen, um zu beten. So war Stille im Christentum von Anfang an wichtig für Zeiten der Besinnung und des Gebets. In der Stille wird der Mensch empfänglich für die Gegenwart Gottes. Dort kann er sein Leben vor Gott bringen und sich klar werden, was er in seinem Leben will. Schon sehr früh gab es im Christentum Einsiedler und bald auch Mönche und Nonnen, die in Klöstern die Einsamkeit und Stille suchten und ihr Leben ganz auf Gott ausrichteten.

Kontemplation: Das Wort kommt aus dem Lateinischen und bedeutet „schauen, betrachten, den Blick auf etwas richten". Bei der Kontemplation richten sich die Gläubigen auf die Gegenwart Gottes in ihrem Leben aus. Dies soll nicht nur in Gedanken, sondern mit der ganzen Person geschehen. Die Stille hilft, alles Störende fernzuhalten. Bei der Kontemplation kann ein Bild oder ein Satz aus der Bibel helfen, sich für die Gegenwart Gottes zu öffnen und seinen Ruf für das eigene Leben wahrzunehmen.

Kontemplation und Aktion: „Kontemplation", der Weg nach innen, und „Aktion", der Weg nach außen, gehören im christlichen Verständnis zusammen: Sich der Nähe und Liebe Gottes bewusst werden und diese Nähe und Liebe im eigenen Leben weiterzugeben, sind zwei Seiten derselben Medaille. Der Benediktinerorden spricht von „bete und arbeite" (vgl. S. 101). Die Gemeinschaft von Taizé in Frankreich, zu der jedes Jahr viele Tausende Jugendliche pilgern, nennt dies „Kampf und Kontemplation". Das bedeutet: Die Brüder von Taizé richten sich auf Gott in der Stille aus und setzen sich für eine bessere Welt ein. Gerechtigkeit und Bewahrung der Schöpfung sind ihnen wichtig. Diesem Motto schließen sich viele Jugendliche auf der ganzen Welt an.

Eine Frau in Kontemplation vor einer Christus-Ikone

1. Erläutere, welche Rolle Besinnung und Stille in den verschiedenen Religionen spielen, und nenne Beispiele.
2. Betrachte das Gewürz-Mandala auf der Kapiteleingangsseite (S. 87): Es zeigt das Schriftzeichen für Om in der Mitte einer Lotosblüte. Lass es auf dich wirken. Beschreibe, wie die Bedeutung der heiligen Silbe Om hervorgehoben wird.
3. Beten und arbeiten – Kontemplation und Einsatz für eine bessere Welt: Stelle dar, warum das jeweils für Christen zusammengehört.
4. Beschreibe: Wie kommt die Ausrichtung auf die Gegenwart Gottes im Foto zum Ausdruck?
5. Führt in der Klasse eine Stilleübung durch: Setze dich aufrecht auf den Stuhl, schließe die Augen und lausche zwei Minuten in die Stille. Achte dabei auf deinen Atem. Tauscht danach eure Eindrücke aus.

Lotos: Vom Dunkel ins Licht

Die Lotosblume ist ein immer wiederkehrendes Symbol im Hinduismus und Buddhismus. Die Wurzeln der Wasserpflanze reichen tief auf den Grund und wachsen aus Schlamm und Morast empor, um auf der Wasseroberfläche in der Sonne die Schönheit ihrer Blüte zu öffnen. Wasser perlt in Tropfen vom Lotos ab und nimmt dabei allen Schmutz mit. Hinduistische Gottheiten halten oft eine Lotosblume in der Hand. Manche werden sitzend auf einem Lotos dargestellt. Auch Buddha sitzt häufig auf dem „Thron" eines Lotos. In seinen Lehrreden verwendete er das Bild der Lotosblume. Sie wurde zu einem Symbol für die Wirkung der buddhistischen Lehre überhaupt: So wie der Lotos zum Licht wächst und seine Blüte öffnet, können Menschen vom Dunkel ins Licht, zur Erleuchtung gelangen.

1. Betrachte das Foto und erläutere, wofür der Lotos symbolisch stehen kann. Gestalte anschließend in deinem Heft eine Lotosblüte und schreibe darunter, warum sie im Hinduismus und Buddhismus eine so große Bedeutung hat.
2. Blickt auf das Kapitel zurück und tauscht euch darüber aus, was in Hinduismus und Buddhismus für euch befremdlich und was ansprechend ist. Zeigt es jeweils an Beispielen des Buches auf.
3. Schaut euch noch einmal S. 88/89 an. Diskutiert die Verwendung von Elementen aus Hinduismus und Buddhismus in westlichen Ländern. Bringt dabei ein, was ihr in diesem Kapitel über die beiden Weltreligionen gelernt habt.
4. Gibt es ein Leben nach dem Tod? Was ist das Ziel des Lebens? Vergleicht die Vorstellungen in Hinduismus, Buddhismus und Christentum. Worin bestehen Gemeinsamkeiten und Unterschiede?

Projekt: Pausenaktion „Deine Welt FAIRändern!“

In diesem Schuljahr beschäftigt ihr euch mit dem Thema „Prophetinnen und Propheten“. Es sind mutige Menschen, die sich für Gerechtigkeit und Frieden einsetzen. Dazu gehören heute auch Umweltfragen.

Der Titel des Projekts „Deine Welt FAIRändern!“ will genau in diese Richtung weisen, wenn mit den Wörtern FAIRNESS und VERÄNDERUNG gespielt wird: Setze dich für eine gerechtere, nachhaltige und gesunde Welt ein. Die Veränderung beginnt bei dir. Wählt mit eurer Lehrerin oder eurem Lehrer verschiedene Ideen aus, mit denen ihr in einer Pause auf das Thema „FAIRändere deine Welt!“ aufmerksam macht.

Sechs Schritte beim Projekt

1 **Ideen sammeln** – Erstellt eine Mindmap zu möglichen Aktionen. Einige Vorschläge findet ihr auf der nächsten Seite. Ordnet die gesammelten Ideen und wählt die Aktionen aus, die ihr durchführen möchtet. Legt anschließend fest, wo sie stattfinden sollen.

2 **Arbeitsgruppen** – Bildet Arbeitsgruppen, die sich mit je einer Projektidee beschäftigen. Jede Gruppe erarbeitet ihre eigene Idee. Kommt wieder in der Klasse zusammen und erstellt gemeinsam einen Plan, wann die verschiedenen Aktionen stattfinden können. Wer macht was, wann und mit wem?

3 **Pausenaktion vorbereiten** – Sammelt und erstellt Materialien, die ihr für die verschiedenen Aktionen braucht, z.B. Plakate von Hilfsorganisationen, Flyer usw. Holt die Genehmigung der Schulleitung ein.

4 **Aktion durchführen** – Platziert euch mit euren Materialien oder Aktionen an den Orten im Schulhaus, an denen ihr eure Mitschülerinnen und Mitschüler gut erreichen könnt, z.B. in der Aula, am Pausenverkauf, im Schulhof oder in der Bücherei. Präsentiert eure Ideen und regt zum Mitmachen an, wo es möglich ist.

5 **Aktion dokumentieren** – Macht Fotos während der Aktionen, z. B. von euren Aktionstischen, und verfasst einen Artikel für die Homepage eurer Schule, die Schülerzeitung oder die Tagespresse.

6 **Rückblick** – Mit einem Rückblick wird das Projekt abgeschlossen: Was ist gelungen? Wo lagen Schwierigkeiten? Welche Erfahrungen haben wir gemacht? Was haben wir Neues gelernt? Was könnten wir beim nächsten Projekt besser machen?

Aktion einer Oberpfälzer Realschule

Ideen für die Pausenaktion

Ein Jahresmotto finden und gestalten

Mit einem klaren Thema geht es besser: Entwerft ein eigenes Jahresmotto, das für euer Projekt stehen soll. Ihr könnt euch an dem Beispiel orientieren, das Schülerinnen und Schüler einer Oberpfälzer Realschule entwickelt haben: „Fair handeln – Plastik vermeiden", siehe dazu das Foto auf S. 107. Gestaltet dazu ein eigenes „Kunstwerk" aus Alltagsgegenständen und sucht einen Ort, an dem möglichst viele in der Schule davon etwas sehen.

Plakate gestalten: Mut ist ...

Die großen kirchlichen Hilfsorganisationen wie Misereor, Missio oder Adveniat entwickeln für ihre Kampagnen immer wieder aussagekräftige Plakatreihen für eine faire Welt. Recherchiert dazu im Internet oder lasst euch Plakate zum Thema zusenden. Diskutiert eure Eindrücke und entwickelt eigene Ideen, die ihr gemeinsam ausgestalten könnt. Ihr könnt damit dann eine Ausstellung durchführen, zum Beispiel in der Aula. Wenn ihr freie Plakatwände dazustellt, können andere eure Ausstellung kommentieren.

Fair handeln – fair leben

Fairer Handel kämpft für bessere Lebensbedingungen der Menschen, die die Ware hergestellt haben. Besorgt euch ein Produkt, das fair gehandelt ist (z. B. aus dem Eine-Welt-Laden oder aus einem Supermarkt) und findet heraus, aus welchen Ländern oder Regionen die Ware stammt. Informiert euch über die Lebensverhältnisse der Menschen und entwickelt „Produzentenporträts". Achtet dabei auch auf die äußeren Bedingungen (Klima, Wohlstandsniveau, landwirtschaftliche Besonderheiten usw.). Vergleicht die Situation mit Deutschland.

Öko-fair kennen und verbreiten

Schokolade, Kaffee, Kekse – in vielen Supermärkten gibt es seit einigen Jahren fair gehandelte Produkte zu kaufen. Tragt zusammen, welche verschiedenen Produkte ein Bio-Supermarkt und ein Supermarkt anbieten. Stellt fest, welche Rolle die ökologische Herstellung dabei spielt. Notiert Fragen, die euch dazu in den Sinn kommen. Ihr könnt dann auch mit der Marktleitung ein Interview führen und eure Ergebnisse auf Plakaten zusammenstellen. Bringt eure Ergebnisse in die Schule ein. Gemeinsam mit Schulleitung und Hausmeister könnt ihr überlegen, wie sich der Verkauf fair gehandelter Waren auch in der Schule erhöhen lässt.

Methoden

Aus *Religion verstehen* 5, 6 und 7 kennt ihr schon verschiedene Methoden. Sie kommen weiterhin vor und werden hier durch neue ergänzt. Tipp: Ihr könnt sie – wie auch die Methoden aus den Klassen 5, 6 und 7 – auf Methodenkarten schreiben und sammeln. Die Methoden sind in verschiedene Gruppen eingeteilt und jeweils mit einem Symbol gekennzeichnet:

Bilder   Schreiben   Sprechen   Körpereinsatz   Präsentation

Info-Blatt

Mit einem Info-Blatt kannst du über ein Thema informieren.

1. Wähle das Format des Info-Blattes aus: Flyer- oder A5-Format.
2. Gliedere ein Thema mithilfe einer Mindmap. Was ist wichtig?
3. Sammle Informationen zum Thema: aus *Religion verstehen*, der Bibliothek oder dem Internet.
4. Trage die Informationen in Stichpunkten zusammen und schreibe auch bei Webseiten, auf denen du Informationen gefunden hast, die Quelle dazu.
5. Suche ein aussagekräftiges Bild und schreibe einen eigenen Text mit kurzen, einfachen Sätzen.
6. Gestalte das Info-Blatt mit Bild, Text und Überschriften am Computer. Verwende dazu verschiedene Arten der Hervorhebung (**Fettdruck**, *Kursivdruck*, farbige Gestaltung).
7. Teile dein Info-Blatt an deine Mitschüler aus und tauscht euch darüber aus.

Kreativ schreiben: Wortbild gestalten

Bei Wortbildern wird ein Wort oder ein Satz mit Farben und Formen besonders gestaltet.

1. Denke zuerst über das Wort oder den Satz nach.
2. Sammle Ideen für die Gestaltung der Buchstaben und Wörter.
3. Überlege dir, wie viel Platz du für das Wortbild verwenden möchtest.
4. Gestalte das Wortbild zuerst mit Bleistift, sodass du noch korrigieren kannst.
5. Verwende Farben und Symbole, um die Aussage der Wörter und Sätze zum Ausdruck zu bringen.
6. Präsentiert die Wortbilder.

Tipp: Ein Beispiel für ein Wortbild findest du auf S. 22.

Mit Musik meditieren

Mit dieser Art der Meditation kann der Gedankenfluss zu einem Thema angeregt werden.

1. Setze dich aufrecht auf deinen Stuhl und werde langsam ruhig.
2. Die Lehrkraft bittet dich/euch, zu einem bestimmten Thema oder einer Frage Gedanken und Bilder kommen und gehen zu lassen.
3. Sie spielt ruhige Meditationsmusik ein.
4. Wiederhole für dich innerlich immer wieder das Thema oder die Frage, wenn du abschweifst.
5. Nach drei Minuten endet die Musik.
6. Schreibe jetzt spontan in zwei bis drei Sätzen deine Gedanken auf.

Pro-und-Kontra-Diskussion

In einer Pro-und-Kontra-Diskussion kann man lernen, Argumente zu vertreten.

1. Teilt euch im Losverfahren in zwei gleich große Gruppen (pro/kontra) auf. Wählt außerdem eine Leitung für die Diskussion. Alle anderen sind Zuschauer. Stellt eine geeignete Sitzordnung her.
2. Jede Gruppe beschäftigt sich mit dem Thema, sucht Argumente und Gegenargumente.
3. Die Leitung eröffnet die Diskussion: Sie begrüßt die Teilnehmer und Zuschauer, nennt das Thema und ruft die Wortmeldungen auf.
4. Nun erfolgen Rede und Gegenreden. Die Gruppen vertreten engagiert ihre Position und antworten auf die Gegenposition (ca. 10–15 Min.).
5. Danach wird die Diskussion ausgewertet. Die Zuschauer geben zuerst ihre Eindrücke wieder und alle gemeinsam bewerten die Diskussion und einzelne Argumente.

Texttheater aufführen

In einem Texttheater wird ein Text in besonderer Weise vorgelesen und „aufgeführt".

1. Teilt euch in Kleingruppen auf.
2. Der Text wird als Kopie ausgeteilt, sodass ihr die Wörter und Sätze markieren könnt, die euch wichtig erscheinen.
3. Teilt die „Sprechrollen" unter euch auf.
4. Lest nun zur Probe nacheinander Wörter und Sätze laut vor in verschiedener Betonung; wichtige Passagen könnt ihr wiederholen, unwichtige ganz leise lesen.
5. Führt nun das Texttheater vor der Klasse auf. Ihr könnt durch eure Körperhaltung und Pantomime noch unterstreichen, was ihr ausdrücken wollt.
6. Sprecht darüber, was ihr dabei über den Text gelernt habt.

Videoprojekt

In einem Videoprojekt könnt ihr euch kreativ mit einem Thema auseinandersetzen.

1. Teilt euch in Kleingruppen auf.
2. Überlegt, wie ihr das Video machen wollt: als Abfolge von Blättern mit Schrift und Symbolen (wie in der Grafik), als Interview, als Spiel mit einer Handlung oder aus einer Mischung mehrerer Möglichkeiten.
3. Entwickelt das Drehbuch: Legt die Handlungsfolge schriftlich fest. Was sieht man pro Szene?
4. Dreharbeiten: Besorgt euch evtl. zusätzliche Requisiten. Legt euch Bilder, Texte etc. für das Filmen der Szenen bereit.
5. Montiert die Szenen mithilfe einer Filmschnittsoftware zu einem Film.
6. Präsentiert den Film und tauscht eure Erfahrungen aus.

Lexikon

Achtfacher Pfad Der edle achtfache Pfad ist der Weg, der nach der Lehre des Buddha zum Ende von Leid führt. Er wird achtfacher Pfad genannt, weil er aus acht Übungsbereichen besteht, und wird oft als Rad mit acht Speichen dargestellt. Die Übungsbereiche des achtfachen Pfades sind:

1. **Rechte Ansicht:** Wissen über das Leiden, sein Entstehen und sein Vergehen erlangen.
2. **Rechte Absicht:** Der Begierde, der Wut und der Rache entsagen.
3. **Rechte Rede:** Nicht lügen, verleumden, klatschen.
4. **Rechtes Handeln:** Nicht töten, stehlen, keine Ausschweifungen.
5. **Rechter Lebenserwerb:** Einer Arbeit nachgehen, die niemandem schadet.
6. **Rechtes Bemühen:** Sich bemühen, unheilsame Gedanken zu überwinden und heilsame Gedanken zu entfalten.
7. **Rechte Achtsamkeit:** Den eigenen Körper mit allen Sinnen und Gefühlen wahrnehmen, damit alles Begehren mit klarem Geist überwunden werden kann.
8. **Rechte Sammlung:** Innere Versenkung, Meditation und Entwicklung von Gleichmut, Heiterkeit und Klarheit.

Das Rad mit acht Speichen symbolisiert den edlen achtfachen Pfad. Es ist zum Symbol des Buddhismus geworden.

Das Auge Gottes am Stephansdom in Passau

Auge Gottes Das Auge Gottes ist ein christliches Symbol für Gott, der immer da ist. Es weist auf Gottes Allwissenheit hin. Es taucht häufig in Kombination mit dem Dreieck als Symbol der ▸ Trinität auf. Die Strahlen, die davon ausgehen, deuten auf Gottes Herrlichkeit.

Beratungsstellen Beratungsstellen sind erste Anlaufstellen vor Ort, an die man sich wenden kann bei unterschiedlichsten Problemen. Die wichtigste Anlaufstelle für Betroffene von sexueller Gewalt, an die sich auch Fachkräfte und besorgte Menschen aus dem Umfeld wenden können, ist das „Hilfetelefon Sexueller Missbrauch" mit der Telefonnummer: 0800 22 55 530. Es ist bundesweit, kostenfrei und anonym. Save-me-online ist das Online-Angebot des Hilfetelefons für Jugendliche. Im „Hilfeportal Sexueller Missbrauch" finden Betroffene, Angehörige und andere Ratsuchende Adressen von Beratungsstellen und Krisendiensten in einer bundesweiten Datenbank. Es ist ein Angebot der Unabhängigen Beauftragten für Fragen des sexuellen Kindesmissbrauchs.

Bergpredigt Der Evangelist Matthäus fasst mehrere Lehren Jesu in der Bergpredigt zusammen (Mt 5–7). Sie enthält die Seligpreisungen, das Vaterunser, das Gebot der Feindesliebe sowie die „Goldene Regel“. Nach Matthäus hielt Jesus die Rede auf einem Hügel bzw. Berg am Ufer des Sees Gennesaret. Dabei hat der „Berg“ auch eine symbolische Bedeutung: Wie Mose auf dem Berg Sinai die Zehn Gebote erhalten und den Menschen gebracht hat, verkündet Jesus auf dem Berg seine Lehre vom Reich Gottes. Die anderen Evangelisten nehmen einzelne Sätze der Bergpredigt an verschiedenen Stellen ihres Evangeliums auf. Die Bergpredigt gilt als Kernstück des Christentums und hat immer wieder auch viele Anhänger anderer Religionen inspiriert.

Bodhisattva *Bodhisattva* heißt wörtlich „Wesen des Erwachens“. Die Idee des Bodhisattva kam im Buddhismus ab dem 1. Jahrhundert n. Chr. auf. Bodhisattvas können ganz gewöhnliche Menschen sein, die die Lehre Buddhas fortgeschritten praktizieren, aber auch göttliche Wesen, die die Erleuchtung bereits erlangt haben. Sie verpflichten sich, den Menschen auf der Erde zu helfen und so lange wiedergeboren zu werden, „bis alle Wesen frei sind von Leid“.

Brahma Der hinduistische Gott Brahma gehört neben ▸ Shiva und ▸ Vishnu zu den drei Hauptgöttern des Hinduismus. Brahma ist der Schöpfergott. Die Legende erzählt, er sei aus dem Ei des Universums geschlüpft und habe dann alles andere erschaffen. Er ist auch der Gott der Weisheit, weil er im Glauben der Hindus den Menschen die heiligen Schriften geschenkt hat. Brahma wird mit vier Köpfen dargestellt, die in alle vier Himmelsrichtungen blicken, sowie mit vier Armen, die oft die heiligen Schriften in den Händen halten. Sein Tiersymbol ist die Gans.

Chrisam Chrisam ist eine Mischung aus Olivenöl und harzigem, aromatischem Balsam. Das Salböl wird bei der Spendung von Sakramenten verwendet. Die Salbung des Körpers mit Öl spielte im Altertum eine große Rolle. Sie diente der Hautpflege und der Stärkung der Lebenskraft. Auch bei der Einsetzung in ein Amt und bei religiösen Handlungen wurde sie vollzogen. Im Volk Israel war die Salbung von Königen und Priestern ein Zeichen dafür, dass der Gesalbte Kraft und Würde von Gott empfängt. In der katholischen Kirche wird das Chrisam in einem eigenen Gottesdienst vom Bischof geweiht. Bei der Taufe oder der Firmung wird mit Chrisam gesalbt, indem ein Kreuz auf die Stirn des Täuflings bzw. des Firmlings gezeichnet wird. Diese Salbungen sind Christus-Zeichen. Sie sagen, dass der oder die Gesalbte zu Christus gehört.

Brahma mit seinen vier Köpfen und Armen

Dreißigjähriger Krieg Der Dreißigjährige Krieg war ein Kampf um Macht und Glauben. Er wütete von 1618–1648 auf dem Gebiet des Heiligen Römischen Reichs. Mehr als ein Drittel der Bevölkerung des Reiches starb während dieser Zeit aufgrund von Krieg, Hungersnöten und Seuchen. Er entstand aus konfessionellen Gegensätzen und den zunehmenden politischen Spannungen zwischen den herrschenden Habsburgern und den deutschen Fürsten im Heiligen Römischen Reich Deutscher Nation sowie dem französischen und schwedischen König.

Gospel Das Wort Gospel (von engl. *good* und *spell* = „gute Nachricht") bedeutet „Evangelium", „frohe Botschaft". Gospels sind besonders rhythmische Gesangsstücke, die die Botschaft des Neuen Testaments verbreiten. Sie bringen ausdrucksstark die Leiden der „Kleinen" und Unterdrückten zum Ausdruck und vermitteln mitreißend die Hoffnung auf Befreiung. Entstanden ist die Gospelmusik Anfang des 20. Jahrhunderts in afroamerikanischen Gemeinden in den USA. Mit ihren älteren Geschwistern, den Black Spirituals, haben diese religiösen Lieder gemeinsam, dass ihre Texte um Themen wie Gerechtigkeit und Freiheit kreisen.

Jesuitenorden Der Jesuitenorden (*Societas Jesu*; dt. „Gesellschaft Jesu") wurde von dem baskischen Adligen Ignatius von Loyola (1491–1556) gegründet. Mit einigen Studienfreunden schloss er sich 1534 in Paris zu einer Gemeinschaft zusammen, die 1540 vom Papst als Orden anerkannt wurde. Die Jesuiten unterschieden sich deutlich von bisherigen Orden: Sie zogen sich nicht in ein Kloster zurück und trugen keine spezielle Ordenskleidung. Ihre Hauptaufgabe sahen sie in der Verkündigung des katholischen Glaubens. Dazu gehörten Predigt und Seelsorge, bald aber vor allem auch Erziehung und Bildung. Sie errichteten Kollegien und Schulen. Sie gingen als Missionare auch in ferne Länder wie Amerika und China. Noch heute unterhalten die Jesuiten Hochschulen, Schulen und Internate, in denen sie jungen Menschen eine allgemeine Bildung vermitteln.

Kali Kali (wörtl. „die Schwarze") ist die hinduistische Göttin des Todes und der Zerstörung. In ihr steckt die weibliche Urkraft des Universums. Kali kann aber auch Leben schenken und die Menschen beschützen. Sie spricht Urteil über das Böse und richtet ihre furchterregende Kraft gegen Dämonen und alles Schlechte in der Welt. Kali wird mit schwarzer oder blauer Haut und mehreren Armen sowie mit weit herausgestreckter Zunge dargestellt. Um den Hals trägt sie eine Kette aus Totenschädeln, um ihre Hüfte einen Rock aus abgeschlagenen Armen. Ihre Begleittiere sind Hunde (Goldschakale).

Tanzende Kali

Kastensystem Die hinduistische Gesellschaft ist in Kasten eingeteilt. Die vier *Varnas* („Farben") mit vielen Unterkasten prägen das Leben. Außerdem gibt es noch die „Kastenlosen" oder „Unberührbaren", die keiner der vier Varnas angehören. Sie stehen am untersten Ende der Gesellschaft, leben größtenteils in ärmlichen Verhältnissen und machen rund 17 Prozent der indischen Bevölkerung aus. Traditionell wird nur in der eigenen Kaste geheiratet und man isst nur mit Angehörigen der eigenen Kaste. Früher waren mit der Zugehörigkeit zu einer Kaste bzw. Unterkaste

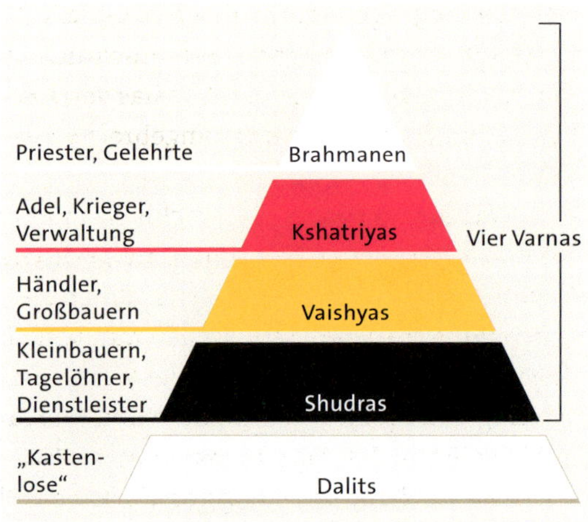

Kastensystem in Indien

auch ganz bestimmte Berufe verbunden. Im heutigen Indien dürfen die Menschen ihre Berufe frei wählen. Die Verfassung des indischen Staates verbietet seit 1950 jede Diskriminierung aufgrund der Zugehörigkeit zu einer Kaste. Dennoch spielen die Kasten weiterhin eine große Rolle, weil sie unmittelbar mit der hinduistischen Religion verbunden sind. Sie hängen mit *Samsara* zusammen, dem Kreislauf von Werden und Vergehen: Zu einer bestimmten Kaste gehört man durch Geburt. In welche Kaste man hineingeboren wird, wird durch das *Karma* bestimmt: Mit einem guten Karma kann man bei einer Wiedergeburt in eine höhere Kaste aufsteigen, mit einem schlechten in eine niedere Kaste absteigen. Für Hindus ist es wichtig, die speziellen Regeln und Gebote ihrer Kaste zu befolgen, um gutes Karma zu erwerben.

King, Martin Luther Martin Luther King (1929–1968) war ein Pfarrer der Baptistischen Kirche. Er engagierte sich in den 1950er- und 1960er-Jahren in den USA für die Rechte der Schwarzen und kämpfte gegen eine Politik der Diskriminierung. Martin Luther King rief zu Gewaltlosigkeit und zum passiven Widerstand auf. So kam es zu einem Zusammenschluss der schwarzen Bevölkerung. Die Geschäfte von Weißen und das öffentliche Busunternehmen wurden boykottiert. Zu den wichtigsten Ereignissen gehört der Marsch auf Washington am 28. August 1963, bei dem King die berühmte Rede „I have a dream“ hielt. Am 4. April 1968 wurde er erschossen – vermutlich von einem Rassisten.

Kommunikation Unter Kommunikation (lat. für „Mitteilung“) werden alle Vorgänge bezeichnet, in denen sich Menschen verständigen und austauschen. Dabei unterscheidet man zwischen verbaler Kommunikation, der Verständigung über Worte, und nonverbaler Kommunikation, der Verständigung durch Gestik und Mimik. Der Psychologe Friedemann Schulz von Thun hat in einem Modell dargestellt, was passiert, wenn zwei Menschen miteinander kommunizieren:

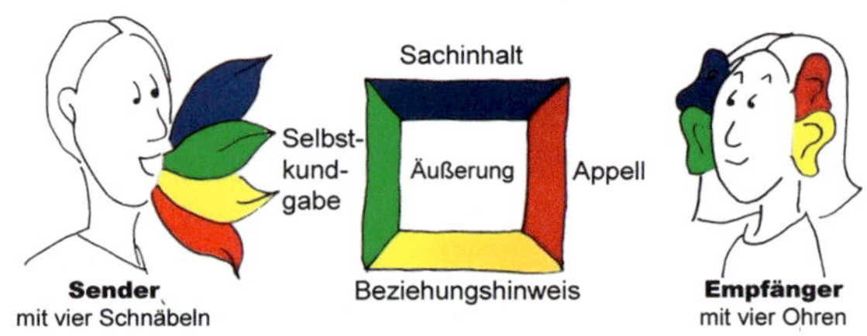

Kommunikationsmodell nach Schulz v. Thun

Ein Sender schickt einem Empfänger eine Nachricht. Bei der Nachricht kann man vier Dinge unterscheiden:

1. Sachinformation: Worüber ich informieren will (der Inhalt der Nachricht).

2. Selbstkundgabe: Was ich dabei von mir selbst kundgebe, ohne es ausdrücklich zu sagen (Absichten, Gefühle usw.).

3. Beziehungshinweis: Was ich vom anderen halte und wie wir zueinander stehen.

4. Appell: Wozu ich den Gesprächspartner auffordern möchte.

Die Äußerung eines Sprechers (Senders) beinhaltet nach Schulz von Thun immer diese vier Ebenen, die der Empfänger gleichsam mit „vier Ohren“ entschlüsselt. Auf welcher Ebene eine Botschaft verstanden wird, hängt also von vielen Faktoren ab, wie z. B. auch der Stimmung der Gesprächspartner. Je nachdem auf welchem „Ohr“ man eine Botschaft hört, kann es zu Missverständnissen kommen.

Litanei Das Wort Litanei kommt aus dem Griechischen und lässt sich als „Bitte“ oder „Flehen“ übersetzen. Eine Litanei ist eine bestimmte Form des Wechselgebets: Ein Vorbeter trägt kurze Anrufungen vor (z. B. *Du Sonne der Menschen, Du Schild der Schwachen, Du Hirte der Verzagten* usw.). Diese Anrufungen richten sich an Gott oder auch die Heiligen. Im Gottesdienst antwortet die Gemeinde jeweils mit einem gleichbleibenden Ruf (z. B. *Erbarme dich unser* oder *Bitte für uns* usw.). Die gleichbleibenden, sich rhythmisch wiederholenden Elemente, die oft auch gesungen werden, sind für die Litanei typisch und geben ihr ihren meditativen Charakter. Beispiele für Litaneien finden sich im Gotteslob, Nr. 556–569.

Mantra Ein Mantra ist ein heiliges Wort, eine heilige Silbe, ein heiliger Vers. Die Wiederholung eines Mantras fördert innere Sammlung und setzt Energie frei. Es ist eine Form der Meditation und des Gebets: Mantras können sprechend, flüsternd, singend oder auch nur in Gedanken wiederholt werden. Sowohl im Hinduismus als auch im Buddhismus haben sie eine große Bedeutung. Im hinduistischen Gottesdienst, der Puja, werden jedes Wort und jede Silbe, die gesprochen oder gesungen wird, zum Mantra. Alle Mantras im Hinduismus beginnen mit der Silbe Om, die als Urlaut Gottes und als Klang des Universums gilt. Im Buddhismus ist der Name „Buddha“ ein wichtiges Mantra. Es gibt auch Mantra-Ketten, die helfen, Mantras zu ▸ rezitieren; sie ähneln dem Rosenkranz im Christentum oder der Gebetskette im Islam, mit denen die gleichen Gebete und Worte auch stetig wiederholt werden.

Messias Das Wort Messias stammt aus dem Hebräischen und bedeutet „Gesalbter“. Im Alten Testament ist vom „Gesalbten Gottes“ die Rede, mit dem die Menschen zur Zeit Jesu die Hoffnung verbanden, dass Gott zum Wohle seines Volkes eingreifen und sein Reich aufrichten würde. Im Griechischen wurde der Begriff Messias mit Christos wiedergegeben, den auch die Evangelisten verwenden und der als Christus ins Lateinische übergegangen ist. Wenn Jesus als der Christus bekannt wird, bringt das zum Ausdruck, dass in ihm die Hoffnung auf den Messias verwirklicht ist und das Reich Gottes angebrochen ist.

Porno Porno ist die umgangssprachliche Kurzform für Bilder, Filme oder Texte mit pornografischen Inhalten. Unter Pornografie versteht man die Darstellung sexueller Handlungen mit dem Ziel, diejenigen, die das anschauen oder lesen, sexuell zu erregen. Dabei werden die Geschlechtsorgane aufdringlich in den Mittelpunkt gerückt. Zwischenmenschliche Begegnung spielt keine Rolle. Pornografische Darstellungen sind vielfach gewalttätig und erniedrigend. Obwohl Pornografie für Jugendliche unter 18 Jahren verboten ist, ist sie im Internet auch für Jugendliche leicht zugänglich; oft kommen sogar schon Kinder mit ihr in Kontakt. Ein häufiger pornografischer Konsum kann eine Vorstellung von Sexualität vermitteln, die eine erfüllende, liebevolle sexuelle Begegnung zwischen zwei Menschen erschwert. Beratungsstellen bieten Hilfen für Menschen an, die unter Pornografie-Sucht leiden. Das ungefragte Zusenden von pornografischen Bildern und Videos, z. B. über das Handy, ist strafbar. Wer auf diese Weise belästigt wird, sollte dies bei der Polizei anzeigen. Bei Kinder- und Jugendpornografie steht schon der Besitz unter Strafe.

Rezitation, Rezitieren Als „Rezitieren“ bezeichnet man das rhythmische Sprechen bzw. Singen von Versen, Gebeten und Formeln. Buddhistische Mönche und Nonnen rezitieren beispielsweise an Feiertagen bestimmte Lehrreden des Buddha, die als Schutztexte gelten.

Richtungen des Buddhismus Im Zuge der Ausbreitung von Buddhas Lehre entwickelten sich drei Hauptrichtungen des Buddhismus:
Theravada-Buddhismus: Verbreitung vor allem in Sri Lanka, Myanmar, Thailand, Laos und Kambodscha. Der Begriff „Theravada“ setzt sich zusammen aus den Wörtern „Thera“ (die Ältesten, Erfahrenen) und „Vada“ (Schule). Theravada

bedeutet also „Schule der Ältesten". Kennzeichen des Theravada ist, dass er sich vorrangig auf die Lehrreden Buddhas bezieht.

Mahayana-Buddhismus: Verbreitung vor allem in China, Korea, Japan (dort als „Zen" bekannt) und Vietnam. Der Begriff „Mahayana" besteht aus den Wörtern „Maha" (groß) und „Yana" (Fahrzeug). Groß bezieht sich auf die Motivation, zum Segen aller Lebewesen Erleuchtung zu erlangen.

Vajrayana-Buddhismus: Verbreitung vor allem in Tibet, Nepal, Bhutan und im äußersten Norden Indiens. Der Begriff heißt wörtlich „Diamantfahrzeug". Eine hohe Bedeutung hat in dieser Richtung, die auch tibetischer Buddhismus genannt wird, der „Lama" (Lehrer).

Rosenberg, Marshall B. Marshall B. Rosenberg (1934–2015) war ein amerikanischer Psychologe, der das Konzept der „gewaltfreien Kommunikation" entwickelt hat. 1984 gründete er in den USA sein eigenes Zentrum: das *Center for Nonviolent Communication*. Er verstand seinen Ansatz nicht nur als eine Methode, sondern als eine Haltung, in der man sich übt, und bezeichnete sie oft als eine „Sprache des Herzens". Rosenberg hat auch in vielen politischen Konflikten vermittelt, z. B. in Ruanda, Südafrika, im Kosovo und in Israel und den palästinensischen Gebieten. In mehr als dreißig Ländern werden Lehrer und Mediatoren in gewaltfreier Kommunikation ausgebildet, um Konflikten vorzubeugen oder sie zu lösen.

Salzmarsch Der Salzmarsch von 1930 ist eine Aktion des gewaltlosen Widerstands, mit der Mahatma Gandhi für die Unabhängigkeit Indiens von der britischen Kolonialherrschaft kämpfte. Anlass war das britische Monopol auf Salz: Salz wurde hoch besteuert und den Einheimischen war es verboten, selbst Salz zu gewinnen. Gandhi machte sich am 12. März 1930 mit einigen Anhängern auf einen 400 Kilometer weiten Marsch zur Küste, um dort am Strand ein wenig Salz vom Boden aufzuheben. Zehntausende schlossen sich ihnen unterwegs an. Die symbolische Geste Gandhis war der Startschuss für viele, ebenfalls gegen das Salzgesetz zu verstoßen und unter Umgehung der Steuern Salz aus dem Meerwasser zu gewinnen. Die sogenannte Salzkampagne weitete sich aus. Die britische Regierung reagierte scharf. Über 50.000 Inder wurden verhaftet, darunter auch Gandhi.

Shiva Der hinduistische Gott Shiva hat zwei Seiten: Zerstörung und Erneuerung, Tod und neues Leben. Seine Kraft hat reinigende Wirkung. Er ist der beliebteste Gott der Hindus und wird in 1000 verschiedenen Namen verehrt. Oft wird er mit einer Schlange um den Hals und mit vier Armen dargestellt. Zwei seiner Hände tragen einen Dreizack und eine Sanduhrtrommel als Zeichen der Vergänglichkeit. Viele Darstellungen zeigen ihn mit seiner Frau Parvati und seinem Sohn Ganesha. Sein Reittier ist der Stier Nandi.

Trinität Trinität ist der lateinische Begriff für Dreifaltigkeit bzw. Dreieinigkeit und bezeichnet das göttliche Geheimnis um die drei Personen: Gott-Vater, Gottes Sohn und Gottes Heiliger Geist.

Vereinte Nationen Die Vereinten Nationen (engl. *United Nations Organisation*, kurz: UNO) sind ein Zusammenschluss von 193 Ländern. Sie wurden 1945 nach Ende des Zweiten Weltkrieges gegründet. Ihr Ziel ist es, weltweit für Frieden zu sorgen und Streitigkeiten durch friedliche Mittel nach den Grundsätzen des Völkerrechts beizulegen. Die Achtung vor den Menschenrechten wird durch die Vereinten Nationen gefördert. Dafür wird jedes UN-Mitgliedsland verpflichtet, Verträge zu unterzeichnen. Ein wichtiger Vertrag war zum Beispiel die „Allgemeine Erklärung der Menschenrechte", die 1948 unterzeichnet wurde. Die UNO hilft auch Flüchtlingen und unterstützt Länder nach Naturkatastrophen.

Vishnu Der hinduistische Gott Vishnu gehört neben ▸ Brahma und ▸ Shiva zu den drei Hauptgöttern des Hinduismus. Vishnu ist der Bewahrer des Lebens. Wenn die Ordnung und die Rechtschaffenheit bedroht sind, greift er ein und stellt den Frieden wieder her. Er wird als junger Mann mit Schmuck und königlicher Kleidung dargestellt. In den Händen seiner vier Arme hält er oft eine Keule, eine Lotosblume, eine Wurfscheibe und ein Muschelhorn. Vishnu wird mit dunkelblauer Hautfarbe dargestellt, der Farbe des Nachthimmels. Er wird „der Durchdringer" genannt. Das Reittier Vishnus ist der halb menschund halb adlergestaltige Garuda.

Vishnu auf der Weltenschlange. Aus seinem Nabel entspringt ▸ Brahma auf einem Lotos.

Yoga Mit Yoga (dt.: „zusammenbringen", „vereinigen", „anjochen", „anschirren") werden im Hinduismus bestimmte Wege bezeichnet, um sich mit dem Göttlichen zu vereinigen und Erlösung zu erlangen. Sie umfassen Übungen, die Körper und Geist zusammenbringen. Die Yoga-Wege, die sich über Jahrtausende entwickelt haben, sind vielfältig: Manche legen den Schwerpunkt auf geistige Konzentration und Meditation, andere auf Körper- und Atemübungen, wieder andere auf eine streng enthaltsame und der Welt entsagende Lebensweise. Die männlichen Yoga-Praktizierenden werden „Yogis", die weiblichen „Yoginis" genannt. In Europa und Nordamerika wird Yoga vor allem in Form von Körper- und Atemübungen praktiziert: das sogenannte Hatha-Yoga (*hatha:* Kraft, Hartnäckigkeit, Bemühung). Körperliche Beweglichkeit, Entspannung, Gesundheit, Gleichgewicht von Körper und Geist, Abbau von Stress und Hetze stehen im Mittelpunkt; der ursprünglich religiöse Hintergrund spielt dabei meist keine Rolle.

YOUCAT Der YOUCAT ist der Jugendkatechismus der katholischen Kirche. Im Stil eines Frage-und-Antwort-Buchs gefasst, erklärt er wichtige Glaubensinhalte für Jugendliche und junge Erwachsene. Der YOUCAT ist erstmals 2011 erschienen und wurde seither in über 70 Sprachen übersetzt. Er ist sehr weit verbreitet und wird auf allen Kontinenten gelesen. Eine Besonderheit des YOUCAT ist, dass die verschiedenen Sprachversionen in Bildern und Zitaten auf die jeweilige Kultur abgestimmt wurden.

Yousafzai, Malala Die Kinderrechtsaktivistin wurde 1997 im Swat-Tal in Pakistan geboren. Als Elfjährige begann sie auf der Internetseite des britischen Radiosenders BBC ein Online-Tagebuch zu schreiben. Dort berichtete sie von den Taliban, einer islamistischen Terrorgruppe, die Mädchen den Schulbesuch verweigerten. Im Oktober 2012 stoppten die Taliban den Schulbus, in dem die Fünfzehnjährige saß, und schossen ihr aus nächster Nähe in den Kopf. Wie durch ein Wunder überlebte Malala. Sie wurde für Spezialoperationen nach Großbritannien ausgeflogen und kämpft seit ihrer Genesung weiter für das Recht von Mädchen auf Schule und Bildung. Für ihren mutigen Einsatz erhielt sie 2004 im Alter von nur 17 Jahren den Friedensnobelpreis. Kritiker werfen ihr allerdings auch vor, dass sie ihren Einsatz geschickt vermarkte.

Zölibat Das Wort stammt aus dem Lateinischen und bedeutet Ehelosigkeit. Damit ist das religiös begründete Versprechen gemeint, als Geistliche, als Mönche und als Nonnen sexuell enthaltsam zu leben.

Bilder: Die verwendeten Abbildungen stammen von den genannten Urhebern, wenn nicht anders angegeben. | **7** Xuan Loc Xuan (*1989), *hand in hand*, 2015, Illustration, 28,6 × 20 cm, © Nguyen Thi Xuan Loc, Ho Chi Min City/Vietnam | **9** Xuan Loc Xuan (*1989), *subway station*, 2016, digital painting, 21 × 29,7 cm, © ebd. | **11** Cécile Veilhan (*1965), *sur mon coeur*, 2011, Kohle, Acryl und Öl auf Leinwand, 46 × 38 cm, © Cécile Veilhan, Nantes | **13** Stefan Heil, Gundelsheim | **15** Brian Kershisnik (*1962), *Adam and Eve*, 2002, 76,2 × 55,8 cm, © Brian Kershisnik, New Vision Art | **21** dpa Picture-Alliance/Sven Simon | **24** Matthias Bahr, Stockdorf (beide) | **25** Matthias Bahr, Stockdorf unter Verwendung von (im UZS): stock.adobe.com/© 1987–1996 Adobe Systems Inc. All Rights Reserved (Wolf); stock.adobe.com/© 2000–2006 Adobe Systems Inc. All Rights Reserved (Giraffe); ebd. (Kamera); stock.adobe.com (Herz); stock.adobe.com/© 2000–2006 Adobe Systems Inc. All Rights Reserved (Schatztruhe); ebd. (Fenster) | **27** www.missio-hilft.de/schutzengel | **29** Gerhard Richter (*1932), 4900 Farben, 2007, Lack auf Alu Dibond, 680 × 680 cm, La Collection de la Fondation Louis Vuitton pour la création, Paris, © Gerhard Richter 2021 (0018), Foto: Atelier Gerhard Richter | **33** Beco G. | **34** o. li. Meister Bertram von Minden (um 1345–1414/15), Erschaffung der Tiere (Grabower Altar, linker Innenflügel, Außenseite, geöffneter Zustand, 1. Wandlung), 1379/83, ölhaltiges Bindemittel auf Eichenholz, 80 × 51 cm, Hamburger Kunsthalle, Foto: bpk/ Hamburger Kunsthalle/Elke Walford; o. Mi. Meister von Taüll, Die Hand Gottes (Fresko aus der Kirche Sant Climent in Taüll/Katalonien), um 1130, Foto: akg-images/Heritage Images/Fine Art Images; o. re. Michelangelo Buonarroti (1475–1564), Gottvater (Ausschnitt aus der „Erschaffung Adams"), 1511/12, Fresko, 280 × 570 cm (Gesamtmaß), Rom, Vatikan, Cappella Sistina, Foto: Bridgeman Images; u. Caitlin Connolly (*1986), *Woman Creating*, 2019, Öl auf Leinwand, 61 × 61 cm, © Caitlin Connolly | **35** Panther Media GmbH/Jörg Röse-Oberreich | **37** Leo Lionni (1910–1999), Illustration aus *„Fish is Fish"*, © 1970 by Leo Lionni; renewed © 1998 by Leo Lionni | **39** Wayne Forte (*1950): *Jacob's Dream #2*, 2019, Öl auf Leinwand, 91,5 × 61 cm, © Wayne Forte | **40** Arcabas (1926–2018): *L'annonce faite à Marie*, 1988, Öl auf Leinwand, 81 × 116 cm, Privatsammlung, © Association des Amis de l'Œuvre d'Arcabas/© VG Bild-Kunst, Bonn 2022 | **42** Nicoletto Semitecolo (im 14. Jh.), Darstellung der Trinität (eine von acht Tafeln für den Deckel eines Reliquienbehältnisses), 1367, Öl auf Holz, 65 × 72 cm, Padua, Diözesanmuseum, Foto: akg-images/Mondadori Portfolio/Laurent Lecat | **43** Philipp Schönborn (*1943), Du bist mein geliebter Sohn, 1999, Neon auf Holz, 140 × 140 × 13 cm, © Philipp Schönborn, München | **44** Cornelsen/Dorina Tessmann unter Verwendung eines Fotos von: Imago Stock & People GmbH/Leemage | **46** Christoph Wacker, Wörthsee | **47** Maximilian Vollendorf, Eurasburg (alle drei Bilder), aus dem Stück „HELDEN", einer Produktion des ZIRKEL für kulturelle Bildung e. V. | **49** John Jude Palencar (*1957), Prophet no. 2, 2007, Öl auf Holz (Birke), 32,3 × 30,5 cm, © John Jude Palencar | **52** Cornelsen/ Rita Frind, München | **59** Patrycja Longawa (*1988), *Tłum* (*engl.: Crowd*/dt.: Menge), 2018, Druck, 100 × 70 cm, © Patrycja Longawa | **61** Marc Chagall (1887–1985), Entwurf für das Glasfenster „Der Frieden" (Ausschnitte), 1963, Gouache, Aquarell, Tusche und Bleistift auf Papier, 76,8 × 113,7 cm, Privatsammlung, © VG Bild-Kunst, Bonn 2022 (alle drei Ausschnitte), Foto: Archives Marc et Ida Chagall, Paris | **63** Matthias Bahr, Stockdorf | **66** u. **67** Matthias Bahr, Stockdorf (alle Bilder) | **69** Ben eine (*1983), Jesus, 2018, Druck auf Leinwand, 100 × 70 cm, © Ben Heine, Rochefort | **70** Imago Stock & People GmbH/MiS | **73** Willi Rolfes, Vechta | **75** Sieger Köder (1925–2015), Das Mahl aus dem MISEREOR-Hungertuch „Hoffnung der Ausgegrenzten", 1996, © MVG Medienproduktion, 1996 | **79** Larry Cole, Love, 2010, Acryl auf Leinwand, 29,7 × 21 cm, © Larry Cole, St. Petersburg/USA | **80** KNA/Harald Oppitz | **82** o. l. Lea Möllers, Neuruppin; u. r. Marianne Brandl, Sinzing | **83** Panther Media GmbH/Julio Rivalta | **84** dpa Picture-Alliance/Roland Weihrauch | **87** Tim Gainey, Oxon | **89** o. li. Shutterstock.com/StudioByTheSea; o. re. Isabell Winter, Berlin; Mi. li. stock.adobe. com/© 2017 Mag Stefan Rotter (Wien, Austria), all rights reserved/Stefan; Mi. Mi. mauritius images/alamy stock photo/Nisha Dutta; Mi. re. stock.adobe.com/ vsanandhakrishna; u. stock.adobe.com/Jürgen Fälchle | **91** akg-images/Jean-Louis Nou | **92** mauritius images/alamy stock photo/Dinodia Photos | **93** Sonja Steiner, Hannover | **94** stock.adobe.com/paladin1212 | **95** dpa Picture-Alliance/ dpa – Report/PA_Photos | **97** Erleuchtung Buddhas, Ausschnitt einer Wandmalerei, spätes 18. Jh., Yongju-Tempel/ Südkorea, Foto: Bridgeman Images/Leonard de Selva | **98** mauritius images/alamy stock photo/Zoonar GmbH (beide) | **99** mauritius images/alamy stock photo/Godong | **100** Shutterstock.com/Mr. Suchat | **101** dpa PictureAlliance/dpa – Report/Marc Müller | **103** Imago Stock & People GmbH/ Hartenfelser | **104** Shutterstock.com/Bhavya Creative Arts | **105** dpa Picture-Alliance/Canan Sevil dpa/lnw | **106** Imago Stock & People GmbH/imagebroker\r | **107** Anja Templer, München (beide)| **108** li. Misereor/Kolle Rebbe GmbH; re. Imago Stock & People GmbH/Niehoff | **111** li. akg-images/ Universal Images Group/ Pascal Deloche/GODONG; re. Imago Stock & People GmbH/imagebroker | **112** Brahma, Zeichnung aus Kalkutta, Indien, spätes 19./Anfang 20. Jh., Foto: Bridgeman Images/Made: Calcutta, West Bengal, India |

113 Die Göttin Kali tanzt auf Shiva, Aquarell aus Kalkutta, Indien, Mitte 19. Jh., Foto: bpk/Victoria and Albert Museum, London | **114** li. Marina Goldberg, Berlin; re. © Prof. Schulz von Thun | **117** Vishnu und Lakshmi, Gemälde aus Kangra, Indien, ca. 1870 (Ausschnitt), Foto: bpk/ Victoria and Albert Museum, London.

Texte: Alle Texte und Übersetzungen ohne Quellenangaben stammen von den Autorinnen und Autoren dieses Bandes. Bibeltexte, wenn nicht anders angegeben, zit. n.: Einheitsübersetzung der Heiligen Schrift, vollständig durchgesehene und überarbeitete Ausgabe, © 2016 Katholische Bibelanstalt GmbH, Stuttgart. | **8/9** Yvonne Struck: Jungs sind Idioten. Mädchen auch, Köln (Boje) 2019, S. 9–12. Text ist leicht gekürzt. | **12** Papst Franziskus: Amoris laetitia: Nachsynodales Apostolisches Schreiben über die Liebe in der Familie, 19.03.2016, Nr. 150, Nr. 151, zit. n.: http://w2.vatican.va/content/francesco/de/apost_exhortations/documents/papa-francesco_esortazione-ap_20160319_amoris-laetitia.html (Abruf: 18.12.2019); Zitat aus dem YOUCAT: YOUCAT. Jugendkatechismus der katholischen Kirche, München (Pattloch Verlag) 2010, S. 222 | **16** Kompliment, T: Peter Stephan Brugger; © Edition Sportfreunde/Arabella Musikverlag GmbH, Berlin Neue Welt Musikverlag GmbH, Hamburg | **20** Zitat von Gabi, 19 Jahre, zit. n.: Broschüre: Heterosexuell? Homosexuell? Hrsg. von Bundeszentrale für gesundheitliche Aufklärung, Köln, o. J., S. 37; Zitat von Jens Spahn: „Gott nimmt mich so, wie ich bin", Interview mit Raoul Löbbert, in: Die Zeit, Nr. 20/2018 (10.5.2018), zit. n.: www.zeit.de/2018/20/jens-spahn-katholizismus-homosexualitaet-glaube (Abruf: 18.12.2019) | **23** Mill Majerus: Liebes-Worte an junge Menschen. Antworten auf Fragen Jugendlicher zu Liebe und Sexualität, München (Deutscher Katecheten-Verein e. V.) 1985, S. 13, 14 und 16 | **26** Die Geschichte von Lea, aus didaktischen Gründen verändert und gekürzt n.: Christine Holch: „Zieh dich aus, du Schlampe", in: Chrismon, April 2017, hier nach: https://chrismon.evangelisch.de/artikel/2017/ 33240/sexueller-missbrauch-ein-opfer-berichtet-von-den-folgen (Abruf: 18.12.2019) | **27** Präventive Botschaften, zit. n.: https://nina-info.de/hilfetelefon/fuer-fachkraefte/68-auf-den-erziehungsalltag-kommt-es-an.html | **28** Arabisches Märchen, frei bearbeitet n.: Willi Hoffsümmer, Kurzgeschichten Bd. 2, Mainz (Matthias Grünewald Verlag), 1990 (7. Auflage), S. 25. | **30** Alexander, zit. n.: Rainer Oberthür: Neles großes Buch. Neles Buch der großen Fragen und Neles Tagebuch, München (Kösel-Verlag in der Verlagsgruppe Random House GmbH), 2016, S. 265 | **32** Zitat von Stefanie, zit. n.: https://www.frieder-harz.de/pages/rel.paedagogische-beitraege/theologisch-religionspaedagogische-stichworte/gottesbilder/beispiele-zur-entwicklung-der-gottesbilder-von-kindern.php (Abruf: 18.12.2019); Zitat von Luise Kinseher, zit. n.: „Was ist Gott? 23 Antworten auf eine unbeantwortbare Frage.", Protokolle von Toni Wölfl, in: Die Süddeutsche Zeitung, 06.01.2017, hier nach: https://www.sueddeutsche.de/bayern/religion-25-antworten-auf-eine-unbeantwortbare-frage-1.3320597 (Abruf: 18.12.2019) | **37** Leo Lionni: Fisch ist Fisch, übersetzt von Thomas Gostischa, Weinberg/Basel (Beltz & Gelberg) 2005. Text ist leicht gekürzt. | **44** Mi. Meine engen Grenzen, T: Eugen Eckert, © Lahn-Verlag in der Butzon & Bercker GmbH, Kevelaer, www.bube.de; u. Helder Camara (GL 7,5), übersetzt von Mario von Galli, zit. n. Gotteslob. Katholisches Gebet- und Gesangbuch. Ausgabe für das Bistum Essen, hrsg. von den (Erz-)Bischöfen Deutschlands und Österreichs und dem Bischof von Bozen-Brixen, © 2016 Katholische Bibelanstalt GmbH, Stuttgart, S. 49 | **45** Größer als wir, T: Johannes Oerding, Benjamin Dernhoff, © My Music – Peter Maffay Music Publishing/Captain Hut Publishing Edition/BMG Rights Management GmbH, Berlin | **48** Kurt Marti: DU. Rühmungen, Stuttgart (Radius) 2008, S. 9, 10 und 13 | **50** Ich habe einen Traum. Texte und Reden von Martin Luther King, hrsg. v. Hans-Eckehard Bar, übersetzt von Heinrich W. Grosse, Zürich/Düsseldorf (Benzinger) 1999; Auszug aus der Mitschrift der Rede von Malala Yousafzai am 12. Juli 2013 vor den Vereinten Nationen in New York (in deutscher Übersetzung), zit. n.: Malala Yousafzai mit Patricia McCormick: Malala. Meine Geschichte, aus dem Englischen übersetzt von Maren Illinger, Frankfurt am Main (S. Fischer Verlag), 2014, S. 230 f. | **56** Werner Laubi, Geschichten zur Bibel. Bd. 2: Elia, Amos, Jesaja. Ein Erzählbuch für Schule, Familie und Gemeinde, Lahr/Zürich (Ernst Kaufmann/Benzinger Verlag) 1983, S. 103–105. Text ist leicht gekürzt. | **64** Grundsatz der Maria Ward-Schulen, zit. n.: M. Carmen Irrgang CJ, „Erziehung und Bildung", in: Frauen und keine Fräulein. Maria Ward und die Congregatio Jesu, hrsg. v. Cosima Kiesner u. a., Kevelaer (Lahn-Verlag), 2009, S. 44. | **65** Zitate von Maria Ward und Schülerinnen, zit. n.: Ebd., S. 44, 50, 51 (3 ×), 54 (2 ×); sowie n.: M. Martha Zechmeister-Machhart CJ, „Die Armen zu lieben als Auftrag an die Mitteleuropäische Provinz", in: Ebd., S. 62, 63, sowie n.: Jakob Leitner: Geschichte der englischen Fräulein und ihrer Institute seit ihrer Gründung bis auf unsere Zeit, Regensburg (Verlag Georg Joseph Manz) 1869, S. 640 | **67** Die Allgemeine Erklärung der Menschenrechte, Resolution 217 A (III) vom 10.12.1948, zit. n.: https://www.ohchr.org/EN/UDHR/Pages/Language.aspx?LangID=ger (Abruf: 18.12.2019) | **85** Gerhard Engelsberger: Gebete für den pastoralen Dienst. Gebete vor Gottesdienst und Unterricht, Gebete für die Seelsorge, Pastoralgebete: Geistliche Existenz. Stuttgart (Kreuzverlag) 2004, S.106 | **92** Basierend auf: Sonja Steiner: Hindu-Tempel: Das Glück wohnt im Bürogebäude, in: Hannoversche Allgemeine, 31.1.2018, zit. n.: https://www.haz.de/Hannover/Aus-den-Stadtteilen/Nord/Hindu-Tempel-Hannover-Fuehrung-am-Alten-Flughafen-in-Vahrenheide (Abruf: 12.05.2021) | **94** Bericht von Webb Miller, 21.5.1930, United Press Archives, eigene Übersetzung n.: https://www.upi.com/Archives/1930/ 05/21/Natives-beaten-down-by-police-in-India-salt-bed-raid/5882104113261/ (Abruf: 18.12.2019) | **95** Zitat von Gandhi, in: The Essential Writings of Mahatma Gandhi, hrsg. v. Raghavan Iyer. Oxford University Press, Delhi 1991, S.240, zit. n.: Die Große Seele. Die Weisheit des Mahatma Gandhi, ausgewählt und übersetzt von Martin Kämpchen, Frankfurt am Main (Insel Verlag), 2019, S.107 | **96** Basierend auf: „Die Legende von den vier Ausfahrten" aus: Lalita Vistara. Erzählung von dem Leben und der Lehre des Cakya-Buddha, übersetzt von Salomon Lefmann, Bd. 1, Halle an der Saale (Verlag der Buchhandlung des Waisenhauses) 1902 | **98** Die vier edlen Wahrheiten, frei paraphrasiert n.: Sacca-Samyutta: Von den (edlen) Wahrheiten (56.1), in: Die Reden des Buddha. Gruppierte Sammlung. Samyutta-Nikaya, übersetzt von Hellmuth Hecker (Buch V), S.418 | **100** u.li. Paraphrasiert n.: Magga-Samyutta: Vom Pfad zum Heil (45.2), in: Die Reden des Buddha. Gruppierte Sammlung. Samyutta-Nikaya, übersetzt aus dem Pali-Kanon von Hellmuth Hecker (Buch V), Herrnschrot (Verlag Beyerlein-Steinschulte), 1997, S.223 | **101** o.l. Tagesablauf im Waldkloster Wat Pah Pong im Nordosten Thailands, zit. n.: Ein stiller Waldteich. Die Erkenntnismeditation von Ajahn Chah, hrsg. von Jack Kornfield und Paul Breitner, übersetzt aus dem amerikanischen Englisch von M. Lier/R. Noack, Berlin (Theseus Verlag), 1996, S.104; u.r. Tagesablauf im Benediktinerkloster in Beuron, leicht bearbeitet zit.n.: https://www.erzabtei-beuron.de/kloster/konvent/tagesablauf/index.html (Abruf: 18.12.2019) | **102** Zitate des Dalai Lama, aus: Klemens Ludwig: „Ich bin ein einfacher buddhistischer Mönch", in: die taz, 21.06.1996, S.14; Words of Wisdom. Quotes by his Holiness the Dalai Lama. Compiled by Margaret Gee, Kansas City/Missouri – USA (Andrews McMeel Publishing) 2001, S.83; How to Be Compassionate. A Handbook for Creating Inner Peace and a Happier World. His Holiness the Dalai Lama, translated from oral teachings and edited by Jeffrey Hopkins, New York (Simon & Schuster) 2011, S.120; Dalai Lama, Desmond Tutu, Douglas Adams: Das Buch der Freude, aus dem Amerikanischen übersetzt von Helmut Dierlamm und Friedrich Pflüger, München (Lotos Verlag in der Verlagsgruppe Random House GmbH), 2016 (8. Auflage), S.164 | **103** o. Zitate des Dalai Lama, zit. n.: Dalai Lama: Das Buch der Menschlichkeit: Eine neue Ethik für unsere Zeit, übersetzt aus dem Englischen von Arnd Kösling, Bergisch-Gladbach (Gustav Lübbe Verlag) 2002, S.219 und S.224f.; u. Dalai Lama: Tag für Tag zur Mitte finden. Lesebuch durch das Jahr, übersetzt aus dem Englischen von Klaus Bloch, Freiburg i.Br., Basel, Wien (Herder) 2005, S.90 | **112** Stichwort „Chrisam" aus: Mittendrin. Lernlandschaften Religion 7/8. Unterrichtswerk für katholische Religionslehre am Gymnasium. Neubearbeitung, hrsg. v. Iris Bosold und Wolfgang Michalke-Leicht, erarbeitet von Iris Bosold, Iris Elge, Peter Grünewald, Nicolas Lang, Cornelia Patrzek-Raabe, Eva-Maria Spiegelhalter, Berlin (Cornelsen Verlag GmbH), 2020, S.166 | **115** Stichwort „Messias" aus: Religion Vernetzt Plus 7. Unterrichtswerk für katholische Religionslehre am Gymnasium, hrsg. v. Hans Mendl und Markus Schiefer Ferrari, erarbeitet von Ulrike Herold, Barbara Scheicher, Anton Schwarzmann, Claudia Zellmann, Berlin (Cornelsen Verlag GmbH), 2020, S.136.